蘭氏兄弟詩集
Poems of the Lan Brothers

詩集目錄

散文詩篇

七言韻律詩篇

論述篇

吳序

為「蘭氏兄弟詩集」新作喝采

一個長期被否定的民族後代，今天才受人尊敬，聯合國二〇二〇年四月八日正式宣布華語爲國際通用語言，這是身爲中國人的榮耀，今後我們可以用漢語、漢文通行於全球，就如英語、俄語、法語、西班牙語和阿拉伯語並列爲全球六大通用語言。

我認識蘭觀生學長，除了有先後期校友學長學弟的因緣，十年來我們有共同的社團，共同的喜好，彼此相互砥勵學習，如復興崗校友會、中國全民民主統一會、台北長青銀髮協會、歌友會、舞蹈班等，他現任中國文藝學會理事。

在寫作上，是我指導前輩，我喜歡他的散文詩及韻律白話詩，讓人易讀易懂；以詩文批判國事家事天下事，以幽默諷評社會亂象，以筆耕分析人性善惡，他善盡知識分子道德勇氣，發揮革命軍人愛國情操，令人佩服。

他成立「蘭觀生天地」部落格，經常發表時政及養生保健文章，業餘精研中醫，學有針灸專長，曾於二〇一五年二月廿五日～三月八日應邀赴菲律賓馬尼拉華人區，免費義診前後半個月，受惠華人多達四百餘人，以行善積德，修福又修慧形容，做了一次成功的國民外交。他並先後榮獲省立員林實驗中學暨國防大學復興崗學院，兩校的傑出校友，我們都以他爲榮！

欣見蘭學長兄弟詩集即將出版，今後漢文爲國際通用語言，當可分享更多國際友人，我們爲他倆高興。

吳信義 二〇二〇年四月十四日

現任全統聯誼會會長（民間社團）

陳序

良師益友

欣聞蘭老師兄弟倆，即將聯筆出刊《蘭氏兄弟詩集》此舉乃二〇二一文學界盛事，可喜可賀。

承蒙蘭老師抬愛，希望學生爲新書撰寫序文，實感惶恐，憂喜參半，憂者：大師出書，學生拙筆，那能登上寫序行列？喜者：學生文采尚可，經老師認定得意門生，儒子可教也。

記得六年前春天，參加朋友喜宴，和老師偶然同桌隔鄰，相識自是有緣，一見如故，相談甚歡，老師衣著講究，搭配得宜，學者風範，溫文儒雅，談吐謙恭，儼然高級紳士，形象優雅，彰顯文學家深度氣質，給人印象深刻。

名片上頭銜甚多，是劇作家，詩人，昔日名編導……等。

對保健學有專精，是養生健康楷模，對針灸，十六功法……等造詣頗深，經常舉辦國內外義診活動。獨到的養生之道，暮年尚能保留一頭烏黑頭髮，令人羨慕。

我自幼喜愛文學，對戲劇情有獨鍾，經蘭老師認可，收爲門生，拜師學編劇，我們亦師亦友，授課於僻靜的咖啡廳角落，老師從點，線，面，圓，淳淳教誨，讓學生在文學根基上，受益匪淺，筆耕也大有進展。

老師係「省立員林實驗中學」及「國防大學」兩校傑出校友，曾帶我出席年會，也介紹加入文藝協會會員，對我厚望頗深，常鼓勵稱讚我，資質聰慧，如繼續努力，乃可造之材也。

更期望能讓我成爲編劇家，寫一個電影劇本，美夢成眞。可惜至今，因瑣事繁多，願景尚未達成。因學作思考，尤其編劇，來自靈感，沒有寧靜心田，如何創造優質作品。

我很佩服蘭老師，這幾年來，在頤養天年之餘，仍然經常有新詩詞寫作分享，例如「水泥叢林藏鴛鴦」、「美女多寂寞」、「巨星殞落」、「陽明山上花盛開」、「海峽兩岸三大黨」……等，各種話題，包羅萬象，多年來，老師的佳作均有拜讀，感佩不已。

日前看到老師接受國家電影中心專訪，侃侃而談，資深文藝作家，當之無愧，實至名歸。學生以老師爲榮，期盼能跟隨腳步，繼續努力，不負老師期望。一〇七年五月東興文教基金會，組團赴廈門大學參訪，老師隨行，在交流座談會上，老師發表言論，記憶猶在，感恩戴德，極具創意，並贈書留念。一〇八年底，台北市長青銀髮協會周年慶，出版紀念特刊，老師撰寫詩詞祝賀，隆情盛意，銘記在心。

今逢老師新書出刊前夕，謹以老師，學豐識博，廣結善緣，師生相識相知，多年情誼，可謂「良師益友」爲題，引以爲序，學生才疏學淺，不足之處，尚請祈諒。

最後，謹代表基金會與長青協會，獻上祝福與感謝，詩詞留芳千古，出版順利圓滿成功。

陳淑貞 二〇二〇年七月七日

財團法人東興文教基金會　董事長

導讀暨序言

我是一個戲劇工作者，自戲劇系畢業後，在退休之前的歷練中，一直從事與戲劇、文學、新聞編輯等相關研究、實務與教學工作。

我寫過很多舞台劇、廣播劇、電視劇和電影劇本，如「龍向天飛」、「天兵英雄」、「天眼」、「鐵血雄風」、「日内瓦的黃昏」等。也曾榮獲中興文藝獎章、國軍文藝金像獎及金馬獎的肯定。除此之外，在中國電影製片廠擔任編導期間，也拍過逾百部的各類紀錄影片。

在廿一世紀，中國和平崛起，華人挺胸抬頭，世界各國爭相學習華文，華語的今天，正是發揚中國傳統文化的最好時機。一個偶然，我重讀了清朝順治皇帝（滿清入主中原首位皇帝）的禪詩：

來時糊塗去時悲　生來是我我是誰
空在人間走一回　於今方知才是我
未曾生我誰是我　豁然朦朧又是誰

之後，所激發出對兩岸關係、經濟、社會及人性面向的一種關懷。藉批判和描繪，以喚起廣大民眾，在政客操弄、茫然無助的環境中，要理性、警覺，走出魔咒迷宮，攜手合作，申張正義，爲自己及後代子孫尋找生路。

當然，除了批判部分之外，更有許多幽默、諷世的意涵和哲理。在現今電子媒體發達的時代，一般人沒有時間，也不喜歡閱讀長篇大論。若是以散文詩及韻律白話詩爲題材，表達大眾關懷的主題，想必能夠適合多數人的口味，其發人深思的功能，也一定更爲深遠。本詩集的另一功能是，可用來分析人性的善惡，或作爲瞭解社會的脈動。

在廣大的讀者群中，我研究發現：年長者偏好傳統詩詞；年輕者喜歡西式新詩，雖非絕對，但有相當的公約數，正如老歌與新歌的喜好者一樣。所以我仿照順治皇帝七言禪詩的音韻，用白話填（撰）寫，讓老、中、青各年齡層的讀者都能接受。

舍弟隨生（FRANK）是個生於中國、長於台灣、僑居美國的標準華人。早年赴美研習電腦，卓然有成，工作之餘，不忘母國語文，其書法、詩、詞創作，皆同輩中之佼佼者。

民國一〇七年（2018）返台探親，我建議他將所寫詩詞作品，彙整成冊，出版分享親友。經商議後達成共識，兩人合出一本，書名爲「蘭氏兄弟詩集」。隨生部分，並譯有英文對照，可供海外年輕華人及其後輩兒孫閱讀和學習之參考，藉以宏揚中華文化。

我與隨生弟，幼小如同手足，同桌同床，少年巔沛流離，同舟共濟，讀書又是同室同窗，今天又能同出詩集，一大同興。

感謝家兄蘭培林，生前留下幾本畫冊給我，詩文中許多中國書畫插圖都是取自其中，使我們的詩集增加許多光彩；謝謝由儀菓國際公司，推介空間美學大師陳鵬旭，爲我們這本詩集設計封面及摺頁，細緻精美，欣喜欣幸。

感謝全統聯誼會會長吳信義先生、台北市長青銀髮族協會理事長陳淑貞女士的推薦和序文、吳信忠先生協助整理存檔、黃錦璋大師的指導、李莉萍小姐編輯及出版事宜，還有女兒姵儀的諸多幫助……。

最後，更期盼海峽兩岸及全球華人同胞，在支持發揚中華傳統文化的同時，給我們鼓勵和指教。

蘭觀生
二〇二〇年十月十日

【散文詩篇】

1

當我們同在一起

2019 / 11 / 23

當我們同在一起
歡欣渡過了三百六十五天
在歌舞笑聲中
慶祝一週年的來臨。

我們是來自四面八方的兄弟姐妹
曾經是社會的精英、棟樑或首長
我們有共同的信念。

在長青銀髮的歲月裡
也要勇於築夢
敢於追夢
勤於圓夢
不求名利
創造喜樂
相互分享
把精彩生命延長。

2

海峽兩岸三大黨

2016 / 06 / 03

一、國民黨，是個柔性政黨

建立了中華民國，經歷過東征
、北伐、抗戰、剿共，創造了
輝煌歷史；可也忍辱負重
在失敗中，退守海隅。

勵精圖治，建設台灣，於驚濤駭浪中
又發光了六十多年，如今已
成百歲人瑞，像極了曹雪芹筆下
「榮國府」（註1），日薄西山，榮景不在。

二、共產黨，是個剛性政黨

引進了馬列（註2）思想
以工、農、兵，無產階級爲主軸
號召群眾，對國民黨展開鬥爭
又以鄉村，包圍城市爲策略
經過二十八年的奮戰，在史達林
扶植下，終於打垮敵人，建政成功。

推動只要原子，不要褲子的國防政策
整軍經武，超英趕美，卓然有成
在改革開放，發展經濟的努力下
爾今，已擠身世界強權
像極了施耐庵筆下的「聚義堂」（註3）
如日中天，大有「誰奈我何」的霸氣。

三、民進黨，是以街頭抗爭起家的政黨

從美麗島事件，到台獨黨綱，跌跌撞撞
沿襲國共鬥爭的手段，步步爲營
利用李、宋（註4），分裂了國民黨
獲得第一次執政；可惜好景不長
在扁政貪腐下，失去民心，他們從
欣喜若狂，到紅衫軍起義
又丟掉了政權。

痛定思痛，結合獨派勢力，媚日親美
又在李、宋的協助下，贏得全面執政
像極了蒲松齡名作（註5），詭譎多變的情景
撲朔迷離，難於捉摸。

四、海峽兩岸三大黨，怎麼統獨各自想

◎國民黨，偏安台灣，己經超過半個世紀
在失去優勢的環境中，只求兩岸分治
維持現狀，是否走向統一
邊走邊說，能拖就拖。

◎共產黨，視台灣為不可分割的領土
在可預見的將來，兩岸統一
為既定目標。

◎民進黨，雖然重回執政
深知兩岸同文同種，血脈相連
在獨派勢力，及美、日暗助下
以虛幻的言行，閃閃躲躲
緩慢的向獨立方向拉扯。

註釋

1. 榮國府 《紅樓夢》中的府院。
2. 馬列 馬克思、列寧。
3. 聚義堂 《水滸傳》中的議事堂。
4. 李、宋 李登輝、宋楚瑜。
5. 蒲松齡名作 《聊齋誌異》四九一篇中虛幻情景。

3

失去的童年玩伴

2015/09/23

他，侄兒香濤
輩份不同，年輪只少我三圈
幼時的玩伴，情如手足
戰亂，分隔兩岸。

二〇一〇那年初冬
古都開封第三次探親
他，攜妻帶孫，把臂暢飲
物換星移，華髮、老花、添假牙
唏噓之餘，心境複雜。

寫了封長信，準備再聚
晴天霹靂，傳來惡耗
他，已駕鶴西遊，驚愕
怎會不告而別。

失去的幼時玩伴，悲慟
至淚眼模糊
腦際空白一片，回神
眞乃事世難料，無奈
西望大海，永留追憶。

4 理想與夢想

2016/01/07

理想，是個美好的名詞，有時
也當動詞用
食、衣、住、行、事業、家庭
人人都企盼，達到這個目標
它，是可以實現的，祇要
選對方向，訂下目標，有計劃，加上努力，一定
能夠完成，但不是天上掉下來的。

夢想，是個浪漫的幻象
夢，有「美夢」、「惡夢」之分
權貴、富商、藝術家、街友
人人企盼，「美夢」成爲實景。

帝王後宮，美女三千，卻
夢想仙女下凡，長生不老
街友三餐不繼，也
夢想一夜致富，享受
酒池肉林之福
他，是個知名的大畫家，夢想
超越前輩，創造歷史，可
張大千、畢卡索，已經
做了超越、創造。

夢想，不是壞事，那要看
上天賜的是什麼啦！

5

變臉

2016/01/01

變臉，是川劇裡的絕活
不換場，可變出五種臉相
剎那間，淋漓盡致，表達了
喜、怒、哀、樂、驚訝和憂傷
演技精湛，觀眾讚賞。

現實裡的變臉，也叫翻臉
有人也能易如反掌，快速的
敵視親友
酒、色、財、權、利的爭奪

唐朝，玄武門事變
三國，呂布弒董卓，當然
也有現代版。

孟老說，性本善；荀子說，性本惡
舞台上的變臉，是
角色性格的轉換
現實裡的變臉，是
人性醜惡的樣貌。

6

咫尺天涯

2016 / 01 / 17

他們是，士林初中的同班同學
畢業前，她送了他一幅自畫像
自然、傳神，如東方的「蒙娜麗莎」
、裝框，放在最顯眼的地方
多次搬遷，總掛在書房。

三年後，他們先後進了國防大學
校區廣闊，系所不同
音訊全無，可
又是同期同學。

時光荏苒，一萬八千二百五十多個日子裡
彼此惦念，從未中斷，他
還不時佇立畫前，送上
心靈的祝福。

天邊、眼前，咫尺天涯
二〇一五年的某月某日
她隨友人，到友人的家唱歌，赫然
發現主人就是，她
五十年前的老同學。

情怯、興奮，濕了眼框
高歌、暢飲，說不盡的陳年往事，也
有追不回的「流金歲月」。

7

美女多寂寞

2016/01/01

她，天生亮麗，令人垂涎
在女人堆裡，鶴立雞群
才藝出眾，可多寂寞。

愛美是稟性，當男人遇到美女
多衡量自身條件，總
躊躇不前。

普通美女最忙碌，追求者
多如過江之鯽，有
帥哥，也有醜男

醜女配俊男；醜男配美女。

這非新鮮事，彼此之間，除了
緣分，恐也有難言的寂寞。

張三笑李四：你相貌平凡
怎勇氣十足，敢追那超級美女？
他自信的說：因爲
美女多寂寞，前題是
你得有吸引她的魅力。

8 仁慈 VS. 殘忍

2016 / 06 / 12

人世間各種宗教，有個共同理念
慈悲、寬恕、博愛，通稱「仁慈」
這是人性的正向發展，冀望
和睦相處，走向世界大同。

從同類間的爭鬥、殺戮
到異類間的弱肉、強食
這個生生不息的循環，通稱「殘忍」
列寧（註1）說：「對敵人仁慈，就是
對自己殘忍，因而，他屠殺了
沙皇尼古拉二世全家，無一幸免
展現了殘忍的手段。

二戰後，蔣、毛（註2）重慶高峰會談
戴笠（註3）主張殺毛，以除後患
蔣介石仁慈，放虎歸山
造成大好河山，毀於一旦

「仁慈」與「殘忍」，不是孿生兄弟
作爲有別，個性兩極，可有時
「宗教」與「政治」利益掛勾，會造成
更大的浩劫和悲劇。

註釋

1. 列　寧（1870–1924），著名的馬克斯主義者、革命家、政治家、理論家……
2. 蔣介石（1887–1975）；毛澤東（1893–1976）。
3. 戴　笠（1897–1946），中國近代頭號特務。

9

過去、現在、將來

2016/02/28

過去，是走完的路，可寫成故事、歷史
滾滾長江，東逝水（註1）
多少牛人（註2）盡歸土
再好的編演，只成追憶。

現在，是進行式，在時間短暫，空間
無限的領域裡，可以創造歷史
也可以毀滅自己。

將來，是未定之天，
有能耐的人
都會選擇方向，定好目標
寫妥企畫，抓住機遇，努力的
邁向成功之路。

註釋

1. 滾滾長江，東逝水　出自羅貫中之《三國演義》。
2. 牛人　即指英雄、豪傑人物。

10 人為財死，魚為餌亡

2016 / 03 / 13

人類，自稱爲萬物之靈，熙熙攘攘
爭權奪利，卻也醜陋無比
相互殘殺，多半爲財而死。

魚兒，水中悠游，覓食爲生
是潛水者獵取的美景，當
釣客抛下誘餌，牠們爭先恐後
搶得者爲餌喪命。

長庚，集團的第二代，爭產大戲
傷筋動骨，尚未落幕……
長榮，集團的兒子們，
又上演第二齣
爾虞我詐，極具張力
這毀滅親情的大戲（註）
值得世人警惕。

註釋

世界上有兩種東西，能摧毀人性和人倫——「權力」和「金錢」
大作家柏楊著《中國人史綱 下》。

11

獲獎感言

2015 / 11 / 13

中華民國一〇四年元月六日，是
國防大學復興崗學院六十三週年校慶
很榮幸獲選傑出校友
感謝母校的栽培
我以復興崗校友爲榮。

同學與親友的道賀，倍感溫馨
短暫的喜悦，永恒的記憶，其實
復興崗的校友，個個優秀、傑出。

在能夠延緩老化的歲月裡
我虔誠的願和校友互動、學習、分享
快樂的，往前健行。

12

情路

2016/12/10

他，生於富裕，也經歷過苦難
早熟，讓他瞭解親情
兄友弟恭，侍親孝。

十八歲開竅，懂得男女交往
第一次約會，小鹿亂蹦，情怯
只能用眼神傳達愛慕，那是
五十年代的社會場景。

他，走入人群，結婚生子
男女之情，變得專一昇華
社會是個染缸，工作環境
讓他破了戒律，可那
醉人芳香，多次淪爲俘虜。

情路上的男女，像串聖誕彩燈
只要電流互通，都會
閃爍光芒，可這
閃爍之間的變化，難於
預測，是「喜劇」或「悲劇」
端看你的智慧與選擇……。

13 都會叢林一女俠

2016 / 12 / 16

她，是個失婚的中年婦人
貌美，身材窈窕，姿色出眾
冷靜，剛柔兼備，能歌善舞
在與人交往中，從不被動
見獵心喜，向來都採主動。

她，熱情、開朗，打扮入時
常遊走在都會叢林，人多的地方
端莊、自信，參加群組活動
底線是：不做小三，不談婚嫁。

她，秉性善良，行俠仗義，當朋友
面臨困難，不管啥事
首先伸出援手，令人心悅臣服
揭開神秘面紗，她是個
都會叢林女俠。

14

妓 女

2016 / 12 / 22

妓女，是個古老感性的名詞
天下烏鴉一般黑，其存在
有普世價值。

在中國的秦淮河畔，多少騷人墨客
多少皇族富豪，無不流連忘返
沉迷這尋芳去處

冒辟疆的癡情，擄獲了
色藝雙全的董小宛，留下
千古美談。

在羅馬、巴黎、紐約，繁華的街道
常遇到阻街女郎，她們與
東方妓女相同，金錢之外，也想
遇到眞情。

妓女如常人，有情、有義
革命鬥士蔡松坡，與小鳳仙的傳奇
智利應召女郎馬莉，連續廿七小時工作
全部捐出，救助貧童，令人激賞。

職業無歧視，人格應對等
我們尊重各種行業
社會才能和平圓融。

15

霸凌

2017/01/11

霸凌（Bullying）是外來詞彙
中文譯意是威嚇、欺辱，受害者在心理、身體或語言上受到攻擊。
廣義的說，霸凌包括校園霸凌、網路霸凌及職場霸凌
但因手段及方式不同，又區分爲：
關係霸凌、言語霸凌、肢體霸凌、性霸凌、反擊霸凌與網路霸凌。

網路霸凌，無遠弗屆，威力驚人
二〇一六美國總統大選
川普勝出，即得力網路霸凌
好來塢影星，梅莉史翠普

在獲得金球獎時，就抨擊川普：
當權者帶頭霸凌他人，我們都是輸家。

霸凌事件，國內外皆有
不管是用何種手段和方式，都會造成社會問題。

16 忘了我是誰

2016/12/24

忘了我是誰？是句尷尬易解的話語
有幾種解讀：失智的長者、醉酒者
職場得意忘形者，還有
夜郎（註）自大者……

失智與醉酒者，腦神經受損，易獲
旁人諒解
得意忘形與夜郎自大，是一種
心態轉變：自負、傲慢、囂張跋扈
很難博得認同。

人與人之間，不外乎君臣、父子
師徒、兄弟、朋友，相處之道
以溫、良、恭、儉、讓為規範者
圓融亨通。
不循規蹈矩，自我膨脹
忘了我是誰？將導致人際關係
崩盤，灰頭土臉，以「難堪」收場。

註　釋

夜郎　漢朝西南小國，「夜郎自大」比喻人無知，而狂妄傲漫。

17

距離

2016 / 06 / 22

距離，是測量兩點或多點之間的數值
距離的測量有許多種：
高爾夫比賽要測算距離
棒球壘包間的距離
星星與地球的距離
高速公路車行距離
你我他之間的距離。

距離有遠近之分
中國的驕傲「長城」自山海關到
嘉峪關，全長六七〇〇公里，這是
遠距離，男女之間，可以
拉到零距離
零距離是短暫的，有親暱到
兩人合體的；有反臉成仇
拂袖遠走的
人說：「距離不是問題，愛不會
因距離而脆弱，人才會」。
你我他，可成等邊，但
情感卻不能等距，人與人交往
長久之道，應保持適當距離。

18

巨星殞落

2017 / 03 / 16

是兩顆殞落的巨星
悄悄的遠離了我們
人說回憶最美
在六〇、七〇年代，她們曾是閃爍
在台灣家喻户曉，發光發熱的巨星。

崔小萍
是個編、導、演全才的藝人
以廣播劇和白色恐怖
受難者著名。

陳麗麗
發跡火牛藝工隊，才藝出眾
得過藝工競賽，女主角大獎
確以反串角色，演活了
「小王爺」，登上頂峰。

她們的傑出表現，以戲劇洗滌人
心，教化社會，是國寶級藝人
巨星殞落，時光不再
留下了不捨、追憶、感念。

註 釋

著名記者葉春暉的感嘆……想及纏綿病榻的「小王爺」，轉眼間便離開人世，生之旅程何其短暫，念茲在茲，這也是自己最後的歸宿，不免令人爲之傷心，悲慟啊！

崔小萍，是筆者在國防大學戲劇系的老師。

陳麗麗，是筆者招考、培訓的藝工隊員。

19

交情

2017/03/07

交情，是人類相互交往中，建立
起來的感情，可分許多種：
一面之交、患難之交、金蘭之交
忘年之交、道義之交、莫逆之交
知音之交、生死之交及勢利之交……

交情又有淡、淺、薄之分
所謂的「交情匪淺」，指的是
交往日久，感情深厚
一面之交，則屬淡、薄，日久遺忘
莫逆之交，如管、鮑
生死之交，如劉、關、張。

史記／汲鄭列傳云：
一死一生，乃知交情
一貧一富，乃知交態
一貴一賤，交情乃見
交情淺薄與深厚，是

機遇，也是緣分
怎麼選擇
要靠智慧。

20 年輕人 VS. 耄耄

2017 / 04 / 25

你，是個十八、九歲的年輕人
不知天高地厚，不畏風、雨、雪、霜
冒險的事，搶著去幹
他，是個七老八十的耄耄
遇事三思而行，因爲
已嘗盡酸、甜、苦、辣。

當年輕人碰上耄耄，彼此的
想法、做法，差距很大
年輕人視耄耄，如破銅爛鐵
耄耄看年輕人，嘴上沒毛，辦事不牢。

年輕人重視現在、未來
少談過去
耄耄重視過去，將就現在
沒有未來，如何尋求交集
塡補代溝，這是個社會課題
專家說：
尊重耄耄，傳授經驗、智慧
減少失敗機率
汲引年輕人，培養國家棟樑
跟上潮流，免遭時代淘汰。

21

鄉愁

2016 / 08 / 25

他生在大陸
長在台灣
老在美國
七十年前，他在河南的大户人家
是個少不更事的四少爺
國共內戰，江山易幟，他隨
家人遷居台灣，從小就
接受完整的中國傳統文化。

四十年前，負笈美國，卓然有成
悠悠歲月，寒來暑往，不覺已

升至爺爺位階
退休生活，多采多姿，唯一讓他
縈紆心頭的，是那股深厚的鄉愁。

鄉愁是磨滅不了的記憶
記憶是可以找回的心靈慰藉
那童年的憧憬；那青春的伙伴
都是他搜尋的寶藏。

數十年的背井離鄉，懷念
之情與日俱增
太平洋、台灣、海峽兩岸
風雲變幻，才是他
放不下的鄉愁……

22

悼念孟母

2016 / 06 / 21

同窗好友，孟洪章的慈母
是個和藹可親的傳統婦女
相夫教子，也經歷過
抗日、反共的苦難歲月。

當我們就讀國防大學及
五十多年交往的日子裡
深刻認識到孟母，屬於
三從四德（註）的典範。

洪章侍母至孝，爲奉養老母
從未踏出國門一步。
孟母福壽九十又九，當我們正
籌劃慶賀其百歲誕辰時
卻突然傳來噩耗
無疾而逝，蒙主恩召。

老人家臨終遺言：
「喪葬從簡，懇辭習俗」，眞是
「典範足式」，令人敬重，我們
也獻上虔誠的哀悼和思念。

註釋

三從　未嫁從父、出嫁從夫、夫死從子。
四德　婦德，婦言，婦容，婦功。

23

時空轉換

2013 / 10 / 10

他啣著金匙離開產房
被抱往帝寶豪宅
從幼兒園到最高學府
老師、同學、張三、李四都曾聽聞
其父祖的大名，他趾高氣揚。

踏入社會，走進人群
晴天霹靂，家勢中衰
跌跌撞撞，迷失方向，朋友問：
在哪兒高就？他心境複雜。

歲月匆匆，彈指間
他已七老八十
安養院的阿嬤，拍拍他的肩膀
兒孫在哪兒工作？他表情木然
無語……遠看落日。

24

樂活在今朝

2016 / 08 / 25

一群耄耋的男女長者
放下兒孫的牽絆
臉龐堆滿了喜悅
跟著音樂的旋律
在廣場上舞蹈。

在合唱團柔和的燈光下
拋開煩憂
亢奮的唱出優美的歌謠。

他們興高采烈，像候鳥般
搭乘舟、車、飛機
隨著季節四海遨遊。

童心未泯，打扮入時
在遊樂場裡
玩耍著返老還童的嬉戲
他們有一個強烈的信念
夕陽無限好
樂活在今朝。

25 哈囉！你、我、他

2014 / 08 / 11
你，和我的距離最近
如兩點之間的直線
可以發展多元關係
愛人、朋友……甚或讎敵。

我，和你、和他之間
有時是主詞，有時是受詞
當時、空轉換，也能
由親密變成陌路。
他，在你、我之間，鮮少等邊看待
三人謂眾，可組成黨（社）團
空間無限，也力量無比
運動、集會、抗衡……甚或戰爭
都是你、我、他的延伸。

26

三秒與一秒的省思

2016 / 01 / 28

朋友用 LINE 轉寄，一則現代銘言
隱忍三秒鐘，海廣闊、天晴空
不然，夫妻反目，朋友成仇
什麼事都會發生。
天有不測風雲；人有旦夕禍福，只是
無法預測，下一秒的變數
禍福由天定；也有人爲。
三秒隱忍，操之在我；一秒禍福，是個變數
你言命運，他曰天意，我說
修德、積善；避禍、納福。

27

笑話

2016 / 12 / 06

「笑話」分爲兩類
一類是語言「笑話」；另一類是行爲「笑話」
會聽「笑話」的人，不一定能講「笑話」
會講「笑話」的人，必定會聽「笑話」
另一種人，既不會聽，又不會講，但
他會鬧出「笑話」
有幽默感、有智慧的人，能
編織有趣的「笑話」
言行粗俗，不懂禮節的人
常會鬧出「笑話」。

「笑話」是一種藝術，類別不同，落差很大
要懂得分辨、欣賞，才能瞭解「笑話」。

28

永懷母校

2018/03/08

（一）

咱們是一群從戰亂中
逃出的青春年少
像五千年朝代更迭
勝者爲王
敗者戰死、被屠或逃亡
那是一九四九年──中華民國三十八年
的演變。

（二）

咱們是一群來自山東、
越南、滇緬邊區、香港、
大陳島撤退的難胞和
流亡學生，還有
在地的寶島菁英。

（三）

員林實驗中學是一所特殊中
又特殊的學校
像時代的大鎔爐
從國立、省立又改爲現在的
國立員林崇實高級工業職業學校。

（四）

實中、實工，在暴風雨中誕生
在大時代中成長
不同地域的青年學子
不同世代的優良師資
孕育出各類傑出的人才
將軍、博士、教育工作者
都創下同級學校的奇蹟。

（五）

寒來暑往，日就月將
創校已屆七十週年
三個世代培養（育）了數十萬
社會的骨幹棟樑。

（六）

您是個偉大的母親
您的慈愛（暉）和堅強
令學子今生難忘
我們獻上虔誠的祝福
願您隨著時代的脈動
永遠長青，永遠發光。

註釋

1. 二〇一八年三月八日員林實驗中學創校七十週年紀念特刊登載。
2. 筆者蘭觀生校友，曾任中國電影製片廠編導官，先後榮獲中興文藝獎章、國軍文藝金像獎及金馬獎的肯定，西元二〇〇〇年接受行政院文建會專案訪問，列入台灣電影貢獻名人錄。

29

一日尊榮

2017/01/06

國防大學復興崗學院，六十五週年院慶
有幸受到貴賓級邀請，年輕的

吳松懋士官長，電話通知
說明要一對一的接待陪伴。

慶祝大會，在莊嚴肅穆國歌聲中
拉開序幕，活動節目包括
慶祝大會、傑出校友表揚、聯歡表演
、李奇茂校友美展、系友回娘家
院慶餐會及音樂劇等，多采多姿
讓畢業校友，有回家的感受。

從進入校門，至全程結束，這位帥哥
士官長，就一步亦趨跟在身旁，引導
參加各項活動，克盡職責，令人感動。

傑出校友，接受母校禮遇，是比照
美國西點軍校的傳統，讓這些
爲國家社會付出貢獻
爲母校贏得光彩的校友，享受
一日尊榮。

30

水泥叢林藏鴛鴦

2015 / 10 / 25

台北榮總「湖畔門診」外
常有人佇立，觀看湖面風光
有垂柳、九曲橋、杜鵑、青蜓……
還有人造島上的鵝舍。
情人節過後，有二隻鵝仔誕生

鵜爸媽引領著，愛情結晶
悠游，學習生活
展示著自傲和滿足，最令人注目的
卻是那對形影不離的鴛鴦。

站在我家屋頂，背山面海，眺望漁人碼頭
落日、燕鷗、光纖彩橋，還有
會冉冉升降的旋轉塔，
能把情人送到凌霄。

這是北台灣的景點，假日的遊客
踏著街頭藝人的音符，獵取
永久保存的記憶，卻忽略了
隱藏在水泥叢林裡的，另類鴛鴦
他們不分晝夜，獵取無需
保存的原始慾望。

31

幻想與現實

2017 / 05 / 29

生日過後，他躺在棺木中
回憶前塵往事，歷歷在目，不堪回首
老闆開他玩笑
蓋棺論定嗎？
不，不急 ……
今年貴庚？
七十，我要再活一次！
不錯的想法！
獨坐瀑布下，以水爲簾
禪定在絢爛的時光隧道

物換星移，他站上島礁制高點
朝陽、藍天、浪花、海鷗
編織成一幅優美圖畫
腦際，空白一片
被列爲失蹤人口
來到一個陌生國度
割捨往事，從零出發
幻想與現實，對比兩極
若能隨時轉換，可心曠神怡
飄然自得。

32

我也得了失智症

2017 / 06 / 24

失智症是大腦退化，所造成的「阿茲海默症」
一位腦神經科名醫
有幾件事，證明自己得了失智症
1. 有些字眼想不起來，許多事情無法串連，思緒也會中斷。
2. 丟三落四，一問再問，常把約定時間搞錯。
3. 忘記關水龍頭，把水塔的水流光。
4. 打高爾夫球，記不清每洞打了幾桿，或揮的是第幾桿？
失智症，是人類生理退化的自然進程
這就是中國人常說的「老糊塗了」
現代醫藥發達，有藥可以減緩老化速度，卻無法根治。

因爲年齡相近，閉目思索
假如我是她，這些行爲會不會發生？
經過比對類似事件
出現的機率或程度，答案是肯定的
於是告訴自己，我也得了失智症！

生病並不可悲，也不可恥，因爲器官總會老化
認清老化的人，更應珍惜「活在當下」。

33 人生三願

2017 / 07 / 03

朋友閒談：現代人要想「立言、立德、立功」，比三國時代難上千倍！
因爲那個時代的人，只要精通「文韜武略」，就很容易出人頭地，達到目標。

在時代浪潮衝擊
少子化社會來臨
知識爆炸，環保意識提升的情況下，作爲一個現代人，於撇開傳統的「立言、立德、立功」及「功名利祿」之外，應該期許自己，完成三個心願：
一、養兒育女。
二、寫一本有創意的書。
三、種一棵喜歡的樹。
養兒不一定防老，但那必竟是骨肉親情，總比養寵物，要有期待與價值。
寫一本有創意的書，雖不能立言傳世，但那必竟是你的智慧、經驗和人生縮影。
種一棵喜歡的樹，關愛它，照顧它，十年成蔭，可供後人納涼，不也是一種奉獻！
人生三願，是很容易達成的願望，若能實現，那將彩繪了你的人生，不虛此行啦！

34

與時間賽跑

2017 / 07 / 08

人類自盤古邁向文明，即懂得與時間賽跑
「日出而作，日入而息」、
「天黑之前，要趕路回家」、「兩個時辰，要完成登頂」。
這些都是與時間賽跑的軌跡。

中國人用地支（註）
將晝夜劃分爲十二個時辰
西洋人發明了鐘錶，把一天分成廿四小時
從此之後，人類與時間賽跑，更有了依據。
科技發展，日新月異，從地面、海洋到太空，無時無刻
都在發生分秒必爭，決勝千里的事件。

一個與時間賽跑的大畫家，藝術造詣，精華粹鍊，少人能比
年近百歲，仍坐著輪椅，僕僕風塵，奔走兩岸
爲中國傳統文化，貢獻心力，其不屈不撓的堅毅精神，令人欽敬！

時間是永恆的，生命渺小短暫；藝術無價，流芳百世
可讓人感嘆的是：人在天地間，只不過是滄海一粟罷了
能盡一己之責，今生無憾，善莫大也。

註釋

地支　子、丑、寅、卯、辰、巳、午、未、申、酉、戌、亥。

35

有親情，沒感情

2017 / 08 / 20

在這個科技發達的時代，熙熙攘攘，忙碌的年輕人
似乎已淡忘傳統家族的親情與感情：
五代同堂，已成夢想
三代同堂，是個奢望
結婚生子，斟酌商量
不婚不育，稀鬆平常
還有那些趾高氣揚，爭得了法律認同的同性婚者
若是遭到歧視，他（她）們會誓死抗爭。
「親情」可分姻親情、血親情和配偶親情
也就是親屬之間的情分。

「感情」除了男女間愛戀之外，廣義的感情還包括喜歡、和諧、
信任、包容與尊重。

在這個光怪陸離的社會裡，現代家庭親子關係
普遍出現一種代溝、疏離和浮動，因而造成了只有親情
沒有感情的奇異景象，這是時代趨勢？抑或是社會悲劇呢？

36

陳年往事

2017 / 10 / 13

熟男熟女，尤以退休後的老人，都有很多精彩的故事
物換星移，隨著年齡的增加，環境的轉變，有些往事，煙消雲散
有些記憶，不再那麼清晰，但總有些刻骨銘心，難於割捨，縈繞於懷
找不到宣洩的出口。

難忘懷的陳年往事，因人而異，大致包括：

1. 戰爭的洗禮
2. 天災的苦難
3. 失親的哀傷
4. 疾病的折磨
5. 愛戀的甜美
6. 家暴的不幸
7. 霸凌的屈辱
8. 失敗的沮喪
9. 成功的喜悅
10. 意外的遭遇

他，是一個經歷風霜雪雨，走過無數坎坷的老人
生於富貴、做過少爺、逃過戰亂、住過難民營、重獲新生、
奮發圖強、事業，愛情有過順逆，也度過瀟灑有尊嚴的風光歲月
雲淡風輕，時光易逝，回憶陳年往事，如隱者看江湖，不勝唏噓！

37

要他活下去

2017/11/01

他，是一個優秀的新聞工作者，做過記者、主筆和主管
風光的歲月，讓他瀟灑的走入老年。
退休之前，日以繼夜，用心靈折磨身體
退休之後，疾病纏身，身體反撲，開始折磨心靈。
每週三次洗腎，又遭意外跌、撞，二次手術，幾乎丟了小命……
他，嚐盡病痛之苦，又逢「家變」
「兒子寫了一則簡訊，批評老爸的不是，並威脅要搬出去住，家裡只剩兩老。
我有腿傷，
內人又罹患巴金森症，行動也不便，我倆越來越老，往後的日子怎麼過？
活著好痛苦，
乾脆早點回到天家去，我眞不想孤獨守到終老……」。
看了這段感同身受，令人辛酸的話語，我立刻加以慰問，鼓勵要他活下去……

現代子女不與父母同住，是常態；老人生病、孤獨，有親情，
沒感情的子女也很普遍
所謂：「久病無孝子」，就是寫照
還是想開點，堅強的活下去，只有活著，才有希望。

38

謊言

2017 / 12 / 18

謊言，又叫說假話、空話、瞎話和欺瞞不實的大話
具體的意思是
謊言是以欺騙爲目的，而使用這種手段講話的人，可以叫做騙子。
人類從蠻荒、部落到文明；從神權、君權到民權的現代社會不分地域、膚
色或國度，在進化的過程中

「謊言」一直是他們使用的共同語言。

「謊言」的例子很多，舉例說明如下

一、政治謊言

為維護政治地位，或利益的需要，而產生欺騙隱瞞的行為。

二、軍事謊言

兵法上之「兵者詭道也」，在歷史上朝代的更迭，以少勝多「謊言」的運用，總扮演著不可或缺的角色。

三、希特勒曾說：廣大的群眾容易被謊言愚弄，反而不易被小謊言欺騙。

四、徐福帶領童男童女、百工、軍隊，遠赴東瀛（日本）為秦始皇尋找不老仙丹，此大謊言所隱藏的就是「有計劃的移民」騙局。

五、二○○四年台灣領導人陳○○，競選總統連任，在肚皮上做假，謊稱遭人槍擊，因而勝選，這是有名的「三一九事件」，也是一個天大的笑話（謊言）

六、其他如商業上的謊言，更是處處陷阱，稍不留意，即會上當受騙。

謊言，是有聲、有色又有味的騙局，它能蠱惑人心，讓善良的民眾不辨眞僞，盲從、崇拜、支持和追隨說謊者，使其達到預定的目的。
謊言，能夠讓野心家，成就一番事業；也能使人身敗名裂
老子說：「上善若水」，願天下人遇謊言時，能夠多「聽停看」，以免上當而生後悔。

39

鶼鰈情深

2005 / 01 / 09

因爲愛國
他遠離了雙親
投筆從戎
誓志重返家園

宅心仁厚
如同他那高大的身軀
和藹可親
一生助人從不吝嗇
他曾是軍中將領、修憲國代
功勳成就已入史冊

一個虔誠的阿拉子民
在回教理事長任內，運用國際關係
保住了台北清眞寺，得以永續傳承
他全力支持中譯了可蘭經
讓更多的穆斯林，接近眞主

誰說病魔不欺凌善良
認識將軍的人都爲他感到不平

三年八個月又十天，苦澀臥床的日子裡
他忍著病痛，坐上輪椅歡歡喜喜爲兒女，主持了嫁娶
夫人劉祝賢，是個傳統的現代婦女
病榻伴護從不假手旁人
鶼鰈情深猶如七世夫妻

憂國憂民壯志未酬
他終於擺脫了癌病的糾纏
一如平常帶著微笑
追隨阿拉去天國
和父母團聚

註　釋

1. 本文爲「悼念馬家珍將軍」。
2. 本文曾於民國九十四年一月廿九日，刊登在「青年日報」。

#【七言韻律詩篇】

1

迎 春

2018 / 02 / 26

春風吹動百花開
清香飄逸蜂蝶來
迎著朝陽踏青去
怡然自得入滿懷

2

武夷山之遊

2018 / 04 / 26 ～ 30

之一

武夷山景風光好
碧水丹峰神工巧
中外遊客來覽勝
山水之中藏有寶
祖國江山氣象新
文化科技都精進
海外遊子心歡喜
揚眉吐氣中國人

之二

武夷山下九曲遊
十八彎拐山水秀
划筏姑娘口才溜
沿途導覽樂悠悠

之三

武夷山腰古學堂
南宋朱熹授業場
理學正宗一代師
忠孝廉節百世香

之四

兩岸敵對數十載
同文同種怎分開
文化交流增友誼
福州之行悅開懷

之五　廈門大學

廈門大學聲譽高
海內海外都知道
百年樹人育英才
建設國家校風好

3

海外遊子到北京

2018/09/18

海外遊子到北京
祖國展臂禮相迎
炎黃子孫一家親
兩岸交流樂融融

龍蟠虎踞北京城
千年文化有明證
長城故宮景點多
世界古都最馳名

4

蘭序

2018/07/09

摯友高富芝醫師大作，「人體還原法與再平衡」即將問世，特撰寫七言詩一首爲之序，並希「洛陽紙貴」，再現台北。

人體還原再平衡
環境變遷藏其中
七情六淫辯內外
長壽百歲不是夢

針灸大師高富芝
杏林老少人皆知
懸壺巴西數十載
濟世除疾行如織

醫術精湛傳技藝
創意著作多稱奇
海內海外學子眾
華佗再世譽中西

註釋

中醫的七情　是指喜、怒、憂、思、悲、恐、驚，七種精神活動。

中醫的六淫　是指風、寒、暑、濕、燥、火，六種氣候環境變化的致病因素。

5

悼念孫越

2018/05/03

孫越叔叔他已走
奉主恩召天國遊
禁煙先驅做公益
令人敬佩德澤厚

演藝生涯數十載
金馬皇冠頭上戴
笑顏常露人歡喜
八七高齡入主懷

6

悼念傅達仁

2018 / 06 / 08

體育主播傅達仁
台灣電視報新聞
家喻户曉名氣大
叱咤風雲是達人

英雄就怕病來磨
癌症末期又奈何
一心求死去瑞士
了結生命早解脫（註）

註釋

安樂死（accompanied suicide）瑞士法律許可，台灣尚未立法。
是一種給予患有不治之症，不願再受病痛折磨，而採取了結生命的措施。

7

齊家柏林是好漢

2017 / 06 / 12

看見台灣紀錄片
齊家柏林是好漢（註1）
機毀人亡未竟志
同聲悲慟哀弔唁
金馬榮耀放光芒
中外媒體罷知影（註2）
國家人才少一員
環保意識要加強

註釋

1. 環境保護紀錄片「看見台灣2」金馬導演齊柏林，爲籌拍續集，於勘查空拍外景時，不幸機毀人亡。
2. 罷知影　台語，意思就是大家都知道。

8

李敖大師

2018 / 03 / 19

李敖大師性癲狂
才高八斗有膽量
闖蕩江湖一甲子
著作等身享名望

精研史書富辯才
法律訴訟他也來
力抗威權坐牢房
一生風光粉絲愛

9

牽錯線

2016 / 08 / 08

人過花甲尋老伴
親友撮合把線牽
台美男女各一方
網路連絡增好感

男方炫耀有豪宅
女方覺得俗無奈
原本女方就富裕
堅拒面會遇障礙

男方失神傳A片
女方氣惱罵下三
兩個媒人牽錯線
徒勞無功笑翻天

註釋

父親節博君一笑

10

夕陽歲月催人老

2018 / 09 / 24

夕陽彩霞無限好
落日餘暉送歡笑
碧波盪漾漁人歸
披星載月求溫飽

夕陽歲月催人老
往事煙花都得拋
兒孫自有兒孫福
紅塵看透少煩惱

11

街頭藝人

2018 / 10 / 01

街頭藝人本領高
才藝表演技巧好
過客肯定心歡喜
戲夢人生也笑傲

滾滾長江東逝水（註）
世態炎涼誰識誰
拋棄俗事與恩怨
吟詩唱歌自陶醉

註釋

「滾滾長江東逝水」，爲引用「三國演義電視劇」，主題曲歌詞。

漫畫大師唐健風提供

12

黃昏之戀

2019 / 10 / 11

西陽彩霞秋風吹
歌聲魅影相依偎
黃昏之戀情意濃
七老八十也陶醉

風流倜儻仍自豪
伊人抱怨虛有表
同儕眼中似甜蜜
力不從心草草了

13

退休生活趣味多

2018 / 09 / 24

秋風細雨迎面吹
山徑枯葉落成堆
牽手悠遊鶼鰈情
往事如煙添年歲

退休日子趣味多
歌舞手機尋歡樂
粗茶淡飯無煩憂
健康長壽也快活

14

滾滾紅塵

2018 / 12 / 01

滾滾紅塵催人老
鰥寡男女情難熬
網路擇偶有風險
不如群組裡邊找

群組男女都俊俏
紳士佳麗知多少
慎選伴侶靠緣分
挑錯對象添煩惱

15

芝山夜宴

2018 / 09 / 24

美女設宴吃海鮮
十二好漢醉如仙
把酒豪飲增情誼
賓主盡興在芝山

芝山緣聚笙歌揚
忘卻歲月拋煩忙
人生短暫數十載
何不及時樂歡暢

16

性侵

2018 / 12 / 08

牛家有隻大公雞
年富力壯個性急
見到母雞就興奮
霸王硬上找刺激

影劇圈裡傳性侵
婦女團體起共憤
檢警傳訊要法辦
頂著光頭求公審

註釋

參考資料　媒體報導。

17

親植樹木失蹤影

2018 / 05 / 30

辛勤種了一棵樹
枝葉繁茂人爭睹
社區美景增一色
期盼來日成樑柱

夜來風雨夢驚醒
親植樹木失蹤影
花匠誤砍已他去
空留遺憾也有情

18 美國總統權力大

2019 / 02 / 01

美國總統權力大
稱霸世界當警察
韓戰越戰波灣戰
無往不利讓人怕

爲爭石油而動兵
弱小油國忍吞聲
委內瑞拉被盯上
川普插手干內政

19

人到老年要心寬

2018 / 04 / 08

五彩錦鯉水中游
暖陽映照池邊柳
春燕廊上築新巢
育養乳燕忙不休

人到老年心要寬
兒孫煩事拋一邊
健康長壽無仙丹
多尋快樂享怡然

20

川金二會在越南

2019 / 03 / 03

川金（註1）二會在越南
去核制裁是主談
利用媒體博版面
會談破局不歡散

七二老翁英年漢
各有盤算兩爲難
預定協議掉河內（註2）
選錯地點成笑籤

註　釋

1. 川普七十二歲，金正恩三十五歲。
2. 河內爲越南首都。

21

奶奶今年七十八

2019 / 03 / 07

我的奶奶七十八
耳聰目明沒假牙
早晚上網數小時
飲食正常練功法（註）

奶奶今年七十八
兩鬢不白朋友誇
每週歌唱不能少
頤養天年樂哈哈

註釋

練功法　是指延緩老化十六功法。

22

古時奇女出青樓

2019 / 03 / 10

古時奇女出青樓（註1）
琴棋書畫站鰲頭
小宛辟疆（註2）成美眷
千年佳話傳不休

青樓女子不賣身
騷人墨客獻殷勤
鳳仙松坡（註3）纏綿情
羨煞民國眾仕紳

註釋

1. 青樓　指妓院。
2. 小宛辟疆　指董小宛與冒辟疆（明朝末年人）。
3. 鳳仙松坡　指小鳳仙與蔡松坡（民國初年人）。

23

快樂老年似神仙

2019 / 03 / 03

快樂老年似神仙
身心健康是關鍵
李察基爾（註）也認同
活在當下是重點

生老病死非必然
途中下車也常見
年華漸老別氣餒
有人未老先歸天

註釋

李察基爾（Richard Gere）好萊塢老牌明星。

24

印尼外勞在台灣

2019 / 04 / 15

印尼外勞在台灣
照護老小和傷殘
宗教信仰穆斯林
週日餐敘在車站

台北車站廳堂大
席地而坐似辦趴
萬千辣妹盛裝扮
他鄉情誼樂哈哈

25

兩岸冰河可解凍

2019 / 03 / 03

台灣首富郭台銘
二〇二〇選總統
磅礴氣勢有遠見
國泰民安求和平

企業治國正流行
川普（註）台銘有交情
大陸投資受重視
兩岸冰河可解凍

註　釋

川普　爲美國第四十五任總統。

26

悔不當初沒出嫁

2019 / 05 / 13

張家閨女二十八
秀外慧中一枝花
公子少爺多驚艷
姑娘婉拒不婚嫁

單身貴族常自誇
詩琴書畫成專家
奉獻青春孝雙親
悔不當初沒出嫁

註釋

眞人眞事，在這個時代潮流裡，到處可見。

27

男男女女可婚嫁

2019 / 05 / 19

同性婚姻已合法
亞洲第一台灣大
彩虹旗幟處處飄
善良習俗被打趴

男男女女可婚嫁
不生不育那像家
傳宗接代成問題
疾病感染國際化

28

悼念大師李奇茂

2019 / 05 / 04

一代大師李奇茂
華人世界享榮耀
春風化雨六十載
師生門徒情誼高

國畫創作全驚艷
中外行家多誇讚
文化交流兩岸情
留名青史永懷念

畫作由李奇茂大師家屬提供

29

愛國藝人劉家昌

2019 / 05 / 19

鬼才導演劉家昌
演藝圈內放光芒
自稱作歌三千首
這個職業他最夯

愛國藝人劉家昌
電影歌曲他在行
梅花國頌（註）代表作
國旗新歌再傳唱

註　釋

國頌　「中華民國頌」，是劉家昌導演作詞、作曲。

30

巴黎老婦八十八

2019 / 06 / 26

巴黎老婦八十八
整容染髮戴假牙
腳踏高跟逛大街
招蜂引蝶媚力大

年輕小伙心好奇
陪伴老婦獻舞藝
圍觀群眾嗨翻天
人生樂活要入戲

31

香港動亂鬼見愁

2019 / 08 / 19

百萬群眾上街頭
罪犯送中不接受
一國兩制後遺症
香港動亂鬼見愁

美英暗助台添油
金融中心也蒙羞
中國主權遭挑戰
北京安然尚無憂

32

人生七十古來少

2019 / 08 / 29

人生七十古來少
今日八十到處跑
醫療科技增人壽
九十一百不難找

老人也曾年輕過
工作期間貢獻多
國家社會應關懷
各個族群要融和

33

貪官污吏獨逍遙

2019 / 09 / 05

庭院錦鯉水中游
佇立池畔欲解愁
國是困擾社會亂
屈原再世也擔憂

雲山蒼蒼何處飄
江水泱泱漁人笑
清廉君子多孤寂
貪官污吏獨逍遙

34

人生樂活要有戲

2019 / 08 / 29

炎炎夏日已過去
徐徐秋風透涼意
登高眺望塵凡事
低頭思念舊情誼

花開花落分四季
春夏秋冬有時序
群組活動不能少
人生樂活要有戲

35

台灣選舉要拜廟

2019 / 09 / 05

台灣選舉要拜廟
媽祖關公抿嘴笑
政治人物假虔誠
目的似在騙選票

當選之後就變調
逢中必反也亂套
媽祖關公中國人
數典忘祖又粗暴

註　釋

台灣政治人物，雖非個個如此，但多數政客，確實這樣。

36

姑娘廟

2019 / 10 / 30

三峽有座姑娘廟（註1）
遠近馳名都知道
香火不斷也靈驗
乾隆年間已建造

未嫁女子黃尾娘（註2）
身陷火窟把命喪
習俗不能葬祖墳
託夢成神佑家鄉

註釋

1. 姑娘廟　在台灣新北市三峽區大義路，是當地的一座奇特廟宇。
2. 黃尾娘　清朝乾隆年間人，得年十七歲（1813-1829）。

37

長壽婆

2019 / 11 / 10

新疆有個長壽婆
一三二歲兒孫多
敦親睦鄰宅心厚
頤養天年眞快活

偏鄉地區人口少
生活簡樸空氣好
現代城市講時尚
百齡人瑞難尋找

38

遊山玩水

2019 / 11 / 08

遊山玩水尋樂趣
攀爬頂峰靠勇氣
海底世界寬又廣
美好年華留回憶

人過中年膽子小
冒險犯難興緻少
吃喝玩樂多節制
安康愉悅活到老

39

COVID-19 肺炎災情重

2020 / 02 / 03

新冠肺炎災情重
感染擴散多封城
全球驚愕人人怕
瘟疫作戰蹦神經

基本防疫戴口罩
疾管部門亂手腳
配售措施不完備
人民排隊難買到

40

陽明山上花盛開

2020 / 03 / 03

陽明山上花盛開
冬去春臨蜂蝶來
爭奇鬥艷遊人多
遍地芳香樂開懷

萬物驚蟄已復甦
松鼠擺尾躍上樹
鳥兒枝頭成雙對
健康長壽才是福

註釋

陽明山　為台北近郊觀光景點。

41

悼念郝柏村

2020 / 03 / 31

四星上將郝柏村
年少從軍一奇人
金門砲戰立大功
老蔣拔擢步青雲

出將入相皆典範
公忠體國獲誇讚
一〇一歲享嵩壽
活得精彩沒遺憾

42

清明節掃墓

2020 / 03 / 03

清明登山去掃墓
早成中國的習俗
千年（註1）傳統教孝道
飲水思源莫忘祖

文明古國山河好
炎黃子孫應自豪
東方睡獅已醒來（註2）
懷念故鄉情未了

註 釋

1. 千年　約五千年。
2. 法國皇帝拿破崙（1769-1821）說：中國是一頭沉睡的獅子，當獅子醒來時，世界都會爲之發抖！拿破崙預言，現已成眞。

43

天庭召開高峰會

2020 / 04 / 15

玉帝（註1）召開高峰會
討論疫情（註2）追原罪
三教（註3）先知都參加
儘快下凡救人類

大國研發生物戰
玉帝先知都看見
玩火焚身疫情重
自食惡果變災難

註釋

1. 玉帝　玉皇大帝。
2. 疫情　二〇二〇年全球爆發COVID-19瘟疫。
3. 三教　釋迦牟尼，穆罕默德，耶和華。

44

人造月亮升太空

2020 / 05 / 12

東方睡獅已經醒
人造月亮升太空
和平掘起超歐美
先進科技登巔峰

註釋

中國製造的人造月亮，即將升空，驚世創舉，世界第一。

45

國醫大師董延齡

2018 / 11 / 07

國醫大師董延齡
台灣國寶列首名
精研醫術五十載
臨床治療經驗豐

彙集中醫急救法
一學就會比專家
傳承絕活慈悲心
功德無量人人誇

46

望洋興嘆留遺憾

2020 / 06 /24

革命伙伴情誼深
長期臥病苦難忍
拔管前夕見一面
生離死別淚濕襟

戎馬生涯數十年
允文允武全奉獻
今非昔比形勢差
望洋興嘆留遺憾

47

專題訪談似國寶

2020 / 07 / 25

專題訪談似國寶
春花秋月人已老
文化傳承是志趣
跨海越洋曾逍遙

註釋

二〇二〇（民國一〇九年）三～十月，先後接受「沈春池文教基金會」、「國家電影中心」及「國防大學復興崗學院」三次專題訪談，（不同主題）由感而發，特撰詩一首，作爲記憶。

48

姐妹情深

2021 / 03 / 11

童年歡樂好姐妹
成長路上常伴隨
今日永別淚千行
來世有緣再相會

姐妹情深深似海
杏壇執教數十載
單身貴族也瀟灑
功德圓滿得開懷

姊妹合影，陳淑貞（左）、陳淑敏

49

瓊瑤戲說劉立立

2021 / 04 / 06

瓊瑤（註1）戲說劉立立（註2）
一編一導創名氣
電影電視皆經典
炙手可熱好回憶

天生麗質有才幹
允文允武一片天
感情生活難思議
怪病（註3）終老摯愛見

註釋

1. 瓊　瑤　在八〇、九〇年代，是知名作家，與劉立立二人，是紅得發紫的戲劇搭檔。
2. 劉立立　國防大學戲劇系畢業。
3. 怪　病　遺傳性「小惱萎縮症」，無藥可治。

50

歡度中國農曆年

2021 / 02 / 16

庭院櫻花已綻開
池中錦鯉游自在
家家户户貼春聯
歡度新年樂暢懷

年節紅包兒女孝
傳統習俗不可少
耄齡老爹數不清
引來家人哈哈笑

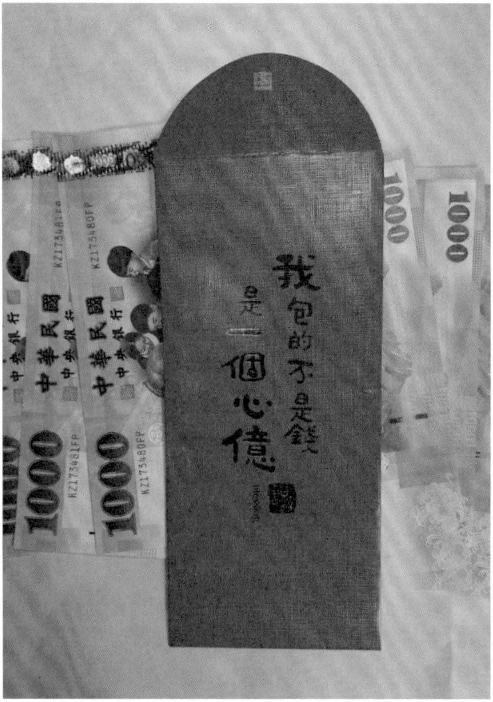

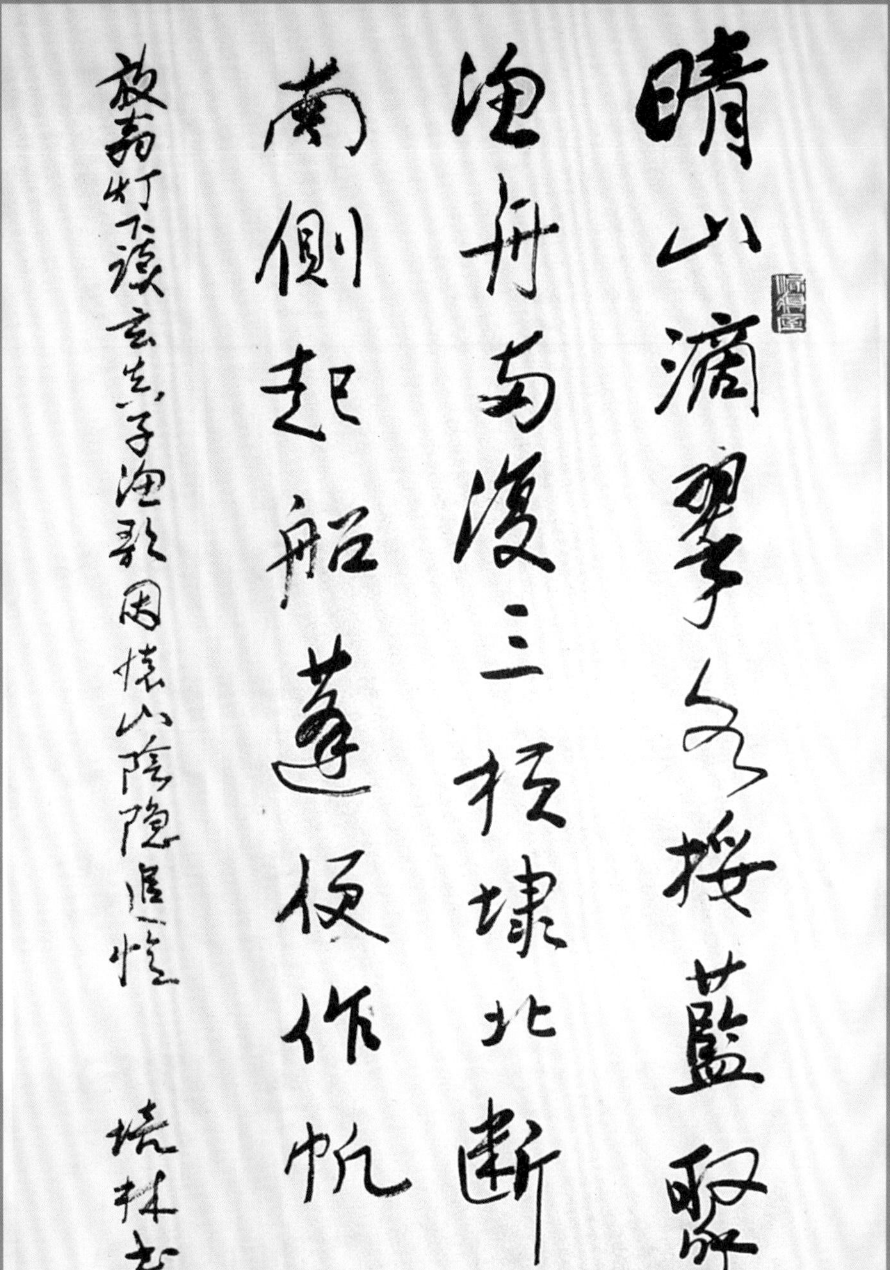
晴山滴翠水挼藍聚散
漁舟兩復三橫埭北斷橋
南側起船篷便作帆
放翁燈下讀玄真子漁歌因懷山陰隱居之作
境林書

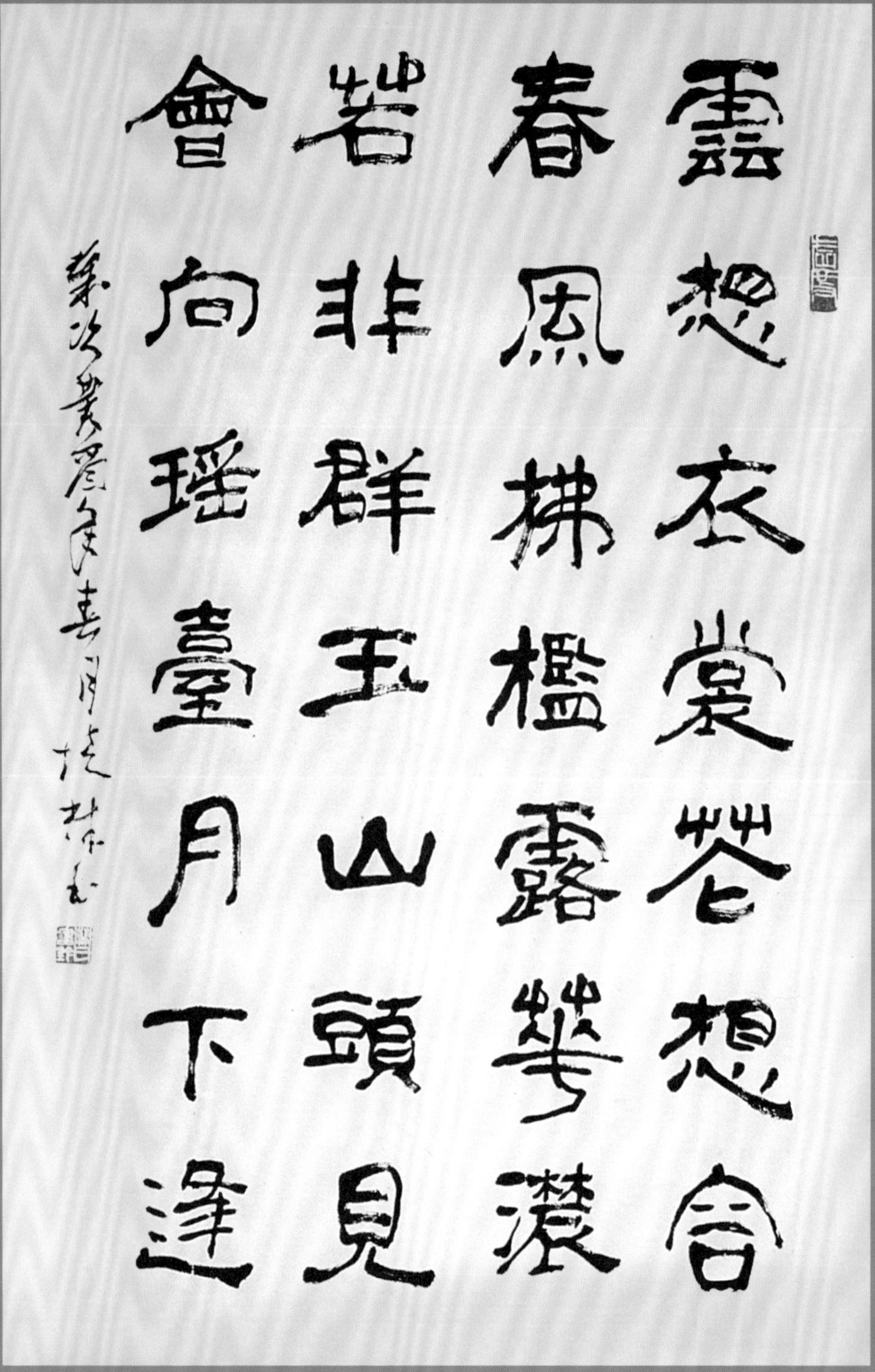
雲想衣裳花想容
春風拂檻露華濃
若非群玉山頭見
會向瑤臺月下逢

【論述篇】

（部分內容．參考網路資料編輯）

1

國畫與西畫

2017 / 04 / 03

自古至今，人類在其生活演進的過程中，均留下了繪畫、音樂、舞蹈及
戲劇的軌跡。

一般來說，繪畫分東方畫與西方畫兩大類：
東方畫以中國畫（國畫）爲代表，國畫，就是中國傳統的水墨畫
清末至民國，基本上分爲南、北兩派：
北派以傅心畬爲代表，畫法細緻，稱爲工筆畫
南派以張大千爲代表，以粗曠、潑墨爲主，稱爲寫意畫。

西畫，就是西洋畫，其類別概分爲素描、水彩、鉛筆、油畫與版畫等，
有寫實派與印象派之分，西畫的基本功法爲素描，就是以寫實入手，眼
見形象爲具象，離心去形抽象漸成意象於心，忘形於外，是爲現代繪畫，
結合科技，運用多元媒材，已成現代繪畫之先驅。

繪畫藝術，不分國畫、西畫，最可貴的是在於它有形、無形、有聲、無聲、有色、無色、有味、無味、有動、無動，那有限、無限的力量，能平衡人們的精神與心理，也能激發人們的意志，提升人們生活品質，更能改變人的氣質與人生觀。

2

畫家與畫匠

2017 / 04 / 10

畫家，是個多麼令人羨慕的稱號，也幾乎成了「藝術」的代名詞。雖然「藝術」還包含了戲劇、音樂、舞蹈、建築和光影，可它確實具有某種魅力。

畫家，有先天與後天培養兩種，但都得經過寫實的磨練，才能成材成器。
畫家，在作畫時，對於畫的內容，投入了意念、情感、創作和風格。
畫匠，是有目標的作畫，他可能大量仿造名畫販售，或是在街頭畫些沒有創作技巧，缺乏個人情感、風格的畫作。
她，是個有先天稟賦，又接受過學院派紮實的藝術訓練，畫作中充滿了創意和情感。
他，是個學徒出身，以繪畫爲職業，有高超的技巧和表現力，從不認爲自己是畫家或藝術家，而是沈浸在他熟悉的媒材中，頂尖的工匠。
藝術是主觀的東西，喜愛就好，是畫家畫的；
還是畫匠畫的，只要你喜歡，就是好畫。

3

認識太監

2017/07/19

太監，有兩種來源

解釋：

1. 太監（eunuchs）一字是由希臘文「守護床的人」轉變而成，可見太監本來都是，爲了保護後宮的侍者，東亞、伊斯蘭世界、非洲皇室，均設有宦官職位。
2. 在中國，太監是宦官的俗稱，類似的說法還有閹人、閹官、宦者、內監等。

太監是歷代王朝，在宮廷內侍奉皇帝及其家屬的奴僕。進宮前需要被閹割掉生殖器官，徹底失去性功能，以免發生穢亂宮帷的事，稱之爲「淨身」。

據記載，中國先秦和西漢時期的宦官，並非全是閹人，自東漢開始才全部用閹人的。

閹割方法：

1. 盡去其勢，就是利用利刃，將男子生殖器完全割除。

2. 利用利刃割開陰囊，剝出睪丸。

3. 「繩繫法」，在男童幼小時，用一根麻繩，將睪丸根部繫死。

4. 「揉捏法」，在男童幼小時，由深諳此道之人，每天輕輕揉捏其睪丸，漸漸適應後，再加大手勁，直至將睪丸捏碎。

太監面不生明鬚，沒有喉結，聲音變細，說話女聲女氣，舉止動作似女非男，成了「中性人」。

註釋

專門為想當太監者，閹割的行家，人稱「刀子匠」。

「刀子匠」的職業，是製造太監，傳授技藝，只傳家族親戚，不傳外人。

〜待續〜

4

認識太監（續）

2017 / 07 / 20

太監／宦官分四等：
一等叫太監，官階正四品。
二等叫少監，官階從四品。
三等叫監丞，官階正五品。
四等叫侍童，官階不一。
人們把太監都叫做宦官。

太監的職業素養：
從掃地太監到一人之下，萬人之上的總管太監，這個職業要的就是職業素養，必須要有上能哄得了皇上太后；下能治得住太監宮女；中能平衡各宮娘娘勢力的本領。
換句話說，這是個能接地氣，識時務的職業。
像慈禧太后身邊的李連英，他當總管太監多年，本事大到捧得了佛、忍得了魔、哄得了妖的地位。

結語：

太監又稱宦官，是一個時代的畸形產物，從一個正常男性，再到一個男不男，女不女的太監，過程所發生的十分殘忍。

所以清朝覆亡之後，太監這個群組也徹底消失，再也沒有太監這個職位啦！

中國最後一位太監，是溥儀皇帝、皇太妃端康身邊的孫耀庭。

5

武則天與慈禧太后

2017 / 07 / 20

在中國歷史上，有二個掌握皇權的女人，一個是李唐時代的武則天；另一個是滿清末年的慈禧太后。

她倆有一個共同點，都是出身宮女，透過奸巧的手段，得到當朝皇帝的寵愛；又運用惡毒的陰謀，取得了令人敬畏的皇權。

武則天（624-705），十四歲時，被唐太宗李世民召入宮爲才人，賜名「媚娘」，人如其名，嬌媚動情，古典高雅，雍容華貴。太宗駕崩，則天入感業寺爲尼（據說是太宗生前安排）。

唐高宗即位後，復召武氏入宮，拜昭儀。她與當時的王皇后、蕭淑妃產生後宮矛盾，永徽六年，高宗立武氏爲皇后。

高宗去世，太子李顯繼位，武則天臨朝稱制。次年二月，武則天廢李顯，立四子李旦爲皇帝，同年九月武則天稱帝，降李旦爲皇嗣，改國號爲「周」。

武則天聰明、才智及野心，均超出常人，能成爲二代帝王的女人，嘗盡苦難，成就後宮霸主，攻於心計，一步步邁向輝煌。

武則天是中國歷史上，唯一的女皇帝，掌權長達數十年。爲維護唐朝的強盛和統一，促進社會經濟的繁榮，及文化藝術的發展，做出了巨大的貢獻，她是個了不起的女人。

～待續～

6

武則天與慈禧太后（續）

2017 / 08 / 01

慈禧，原名葉赫那拉氏（1836-1908），她是咸豐皇帝的一位妃子，也是同治皇帝的生母。

慈禧為同治、光緒年間，清朝的實際統治者。

由於她在幕後執政，她的成就都歸到別人身上，政敵將她刻畫成狡詐、兇殘又陰險的角色。

慈禧太后，以無情又高明的手腕，同時對付外國勢力與光緒皇帝，也使中國走向現代化，她提倡改革西化，但不是全面西化……

康有為與光緒皇帝密謀，暗殺慈禧太后，可惜計劃敗露，康有為逃亡日本，光緒遭到軟禁，從此，變成名存實亡的傀儡皇帝。

一九〇二年一月，慈禧宣佈一連串震撼傳統社會的改革：滿漢通婚、禁止纏足、開放言論自由等……

一九〇六年，更宣佈將帝制轉型爲君主立憲，並舉行投票選舉，對滿清改革付出了「前瞻」性的貢獻。

一九〇八年，慈禧以光緒皇帝意志不堅爲由，將他毒死，立溥儀爲帝，一天之後慈禧病逝。

她是中國歷史上，少有掌握朝廷大權的女性之一。

7

文化與文明

2018 / 10 /15

人類從蠻荒、部落、到文明；從神權、君權、到民權的現代化社會，不分地域、膚色或國度，在進化的過程中，都會創造出「文化」和「文明」。

「文化」一詞，是從拉丁文culture演化而來的，何謂文化？簡要的說，文化指的就是一個國家或民族的歷史、地理、風土人情、傳統習俗、生活方式、藝術、行爲規範、思想方式、價値等，不同的人對「文化」有不同的定義。

文化有自覺性、精神性與價値性三大特性，其內容必定是，要有人類自覺參與的創造在內，這樣才算是文化，例如中國人喜歡吃飯、飲茶，由此便產生了「食的文化」與「茶的文化」。

我們不會批評任何一個國家或民族沒有文化，因爲當他們降生時，已經接受了所屬文化的薰陶與洗禮。

「文明」，civilization 則是人類生活發展到瓶頸時，不願再受先天條件侷限，或受到外來潮流之影響，而產生的積極行爲。例如民國初年的話劇，稱爲「文明戲」，手杖稱爲「文明棍兒」，新式婚禮，稱爲「文明結婚」。

文化與文明關係密不可分：

文化，是「人文化成」的縮寫，包括語言、文字、思想意識、法律制度等，是依各國在食、衣、住、行、育樂方面，都擁有獨特文化，風格不同，也無所謂優劣高下，它是歷史、哲學和藝術的綜合體。

文明，現代文明一詞，通用爲名詞，「文」指人類文化；「明」指人類文化的高度發達，它是文化、典章制度和科技的綜合體。例如電腦、手機是現代文明的產物，但各國所製造的產品，必會展現不同的特色。

中國是文明古國之一，數千年前的四大發明：火藥、造紙、指南針、印刷術等，引領了世界進步和繁榮，這是中國人的驕傲。

「文化」與「文明」差異之處在於：
文化無優劣之分
文明有高低之別。

8

漫談與回顧台灣戲劇藝術

刊載於青年日報副刊 2012/06/10

「世界是個大舞台，你、我都是這舞台上的演員。」英國劇作家莎士比亞如此說。在人類生存演變的歷程裡，戲劇一直扮演著教化社會、洗滌人心不可或缺的角色。

我是一個戲劇工作者，從興趣、學習、專業到教學，在這個領域歷練已有數十年，對臺灣當前戲劇生態有身歷其境的體察與期待。但戲劇範疇甚廣，劇場藝術（舞台劇、歌舞劇）之外，還包括傳統京劇、歌仔戲（地方戲）、掌中戲（木偶戲）以及電影、電視等，因爲篇幅有限，非數千字所能論述，現在僅就劇場藝術摘要漫談如後：

要談當前劇場藝術，必須了解兩個關鍵時期：第一個關鍵時期，是民國三十八年到五十年左右，因爲國共戰爭失利，國民黨政府遷到臺灣，基於反共復國政策，這時期的軍中、學校和社會爲了配合政府宣導政令，紛紛成立話劇團或劇社，如陸、海、空三軍的陸光話劇隊、海光話劇隊、藍天話劇隊和明駝話劇隊，當然，也有知名大學如臺大、師大成立的劇社，和教育部的「中華實驗劇團」等。此一時期的劇作家，在政府的獎勵下，所創作的劇本如李曼瑰的「皇天后土」、吳若的「人獸之間」、丁衣的「怒吼吧祖國」，因爲其演出性質和目的政治色彩濃厚，鮮少有藝術內涵。

第二個關鍵時期，是新戲劇的萌芽與發展，所謂「新戲劇」，簡單的說，就是擺脫五四運動以來傳統話劇的形式，和爲政治服務的心態與視野，把戲劇的內容普及到生、死、情、仇和人際關係，在這個關鍵時期，熱愛戲劇藝術的李曼瑰教授扮演了一個推動臺灣新戲劇的推手。

李曼瑰（1896-1975）原籍廣西省，早年負笈美國研習戲劇，抗日戰爭期間，追隨第一夫人蔣宋美齡從事大後方的文宣工作，並當選第一屆立法委員。

民國五十年於考察歐、美戲劇返臺後，她便大力提倡「小劇場運動」，先後成立了「三一戲劇藝術研究社」與「小劇場運動推行委員會」，舉辦話劇欣賞會，鼓勵民間學校組織小劇場。民國五十一年擔任教育部「話劇欣賞委員會」主任委員，以政府的資源推展小劇場運動。之後又創辦「中國戲劇藝術中心」，從事聯絡、出版活動。

民國五十四年，國父孫中山百年誕辰，全國各界擴大慶祝，戲劇界首先推出大型舞台劇「國父傳」，由李曼瑰、吳若、鍾雷、劉碩夫、唐紹華、周旭江等六人聯合編劇，王慶麟（瘂弦）主演、王慰誠導演，在國軍文藝中心公演，蔣經國夫婦親臨觀賞，盛況空前，轟動一時。

在此特別補充兩點：第一是，在這段時間她同時出任了政工幹校（現已併入國防大學政戰學院）影劇系及文化大學戲劇系的主任職務，積極培訓編、導、演各類戲劇人才。在她悉心的栽培下，政工幹校及文化大學分別造就很多知名的戲劇工作者，其中有趙琦彬、張永祥、徐天榮、宋項如、貢敏、王慶麟（瘂弦）、聶光炎、夏祖輝、姜龍昭、孫景瑎、崔福生、劉立立、趙玉崗、陸廣浩、蘭觀生、徐中尊、范家玲、杜滿生、邵曉鈴、王彼德、孟振中、汪威江、金超群及陳烈、牛川海、黃以功等。當然，在這二十六個人之外，還有許多後起之秀，活躍於戲劇界的才俊，記憶所及，不一一列舉。

第二是，李曼瑰教授不僅熱心培訓精英，她更熱衷於結合社會各階層，從事戲劇實務或教學工作的優秀人才，共同推動新戲劇的演出工作；如姚一葦的「碾玉觀音」、馬森的「獅子」、張曉風的「和氏璧」、黃美序的「傻女婿」，也有政工幹校早期帶職入校（原職戲劇工作）者，如趙琦彬的「霸」、徐天榮的「公寓風波」、貢敏的「待字閨中」等，這些都是李曼瑰教授為臺灣劇場藝術注入心血，奠定基礎，開花結果的不朽貢獻。

（上）

臺灣劇場藝術（小劇場）的蓬勃發展，始於民國七十年代，從第一屆「實驗劇展」，蘭陵劇坊演出由金士傑編導的「荷珠新配」就大放異彩，獲得肯定和熱烈掌聲之後，全臺各地如雨後春筍，從北到南約有十個城市，分別成立了大約二十五到三十個劇團，也成立了劇場聯誼會，共同推動小劇場演出活動。

其中最負盛名的有「青年劇團」、「表演工作坊」、「屏風表演班」、「果陀劇團」，他們也分別在國家劇院演出了如何偉康的「皇帝變」、賴聲川的「那一夜，我們說相聲」、梁志民的「天使不夜城」，都贏得極好的口碑。

另外，值得一提的是，這些年代隨著臺灣經濟起飛，擠進亞洲四小龍之際，民間企業也投入大量資金，在許博允的「新象藝術中心」協助策畫下，曾先後推出三次大型演出。第一次是，民國七十一年白先勇的「遊園驚夢」，第二次是，民國七十五年胡金銓的「蝴蝶夢」，第三次是，民國七十六年張系國的「棋王」。這三次大型成功的演出，不僅轟動全臺灣，也改變了一般人對舞台劇刻板傳統的觀念，這是自臺灣光復以來，現代戲劇蓬勃發展的一段高潮。

戲劇是反映社會變遷，描繪人生的縮影，在民主進步、思想開放的同時，民國八十年之後，傳統話劇的演出也相對減少；新思維、新突破的表演形式，更能吸引觀眾的目光和共鳴。有些編劇或導演爲了反傳統，就拿影視模式搬上舞台，或用光影做背景，以創造新風貌、E世代的新戲劇。

在近二十年臺灣劇場藝術中，也看到不少成功的例子，民國八十九年七月，是西元二〇〇〇年的千禧年，爲了慶祝這個千年一逢的大日子，國防大學復興崗學院應用藝術系，推出兩齣好戲，「欽差大臣」（千禧現代版）及「究竟誰是爹」，由牛川海導演，轟動了臺北藝術館，好評如潮。民國九十年，該校又推出由賴聲川編劇，邱冬媛、熊睦群聯合執導的「我和我和他和她」，是一齣慾望與幽默的愛情喜劇。

值得肯定和特別推介的這所軍事學府的戲劇系，是臺灣戲劇藝術人才培訓的大搖籃，從民國四十年創校開始，在李曼瑰系主任精心策畫，聘請如姚一葦、吳若、王慰誠、王生善、鍾雷、鄧綏寧、崔小萍、唐紹華、王平陵、朱白水等一流名師，施予專業訓練；在軍事管理、住校學習的優越環境裡，學生的實習演出，是一般大專科系學生的四至五倍，因此培訓了更多的劇藝人才。在民國六十至八十年代，三家公營電視公司、三家公營電影製片廠及陸、海、空、聯勤各藝工團隊和知名廣播電台，有半數以上的編、導、演人才，多來自該校影劇系的畢業學生。

民國八十九至九十七年，兩岸關係緊繃，政府補助及企業贊助相對減少，臺灣戲劇工作者仍能以犧牲、奉獻的精神勇往直前，推出叫好又叫座的作品，如政戰學校的「車站」、「戀北投」、「小巨人情聖」；非常林奕華的「西遊記」、「水滸傳」；屏風表演班的「合法犯罪」、「婚外信行爲」、「百合戀」；表演工作坊的「暗戀桃花源」、「暗殺 G1--G0」、「這是眞的」。

其中民國九十五年秋，在國家劇院演出的「暗戀桃花源」，是「表演工作坊」與「明華園」聯合公演，一個是現代劇團，一個是傳統地方歌仔戲團，這是一項創新形式，共同詮釋兩個劇團因錯誤而在同一個舞台相遇的動人故事，一時裝、一古裝；一國語、一臺語；一喜、一悲，對新舊觀眾來說，都是一次振奮人心的獨特劇場經驗，值得讚佩與肯定。

（中）

■

民國九十七年後，兩岸關係和緩，在這個情況下，值得論述和回憶的演出有：屏風表演班的「京戲啓示錄」、「徵婚日記」、「王國密碼」；非常林奕華的「命運建築師之—遠大前程」；表演工作坊的「寶島一村」、「談琴說愛」、「如夢之夢」；果陀劇團的「巴黎花街」、「十七年之癢」、「我愛紅娘」；全民大劇團的「當岳母刺字時—媳婦是不贊成的！」，這些演出透過媒體的宣傳，都獲得了預期的成功。

在這深具代表性的十一個舞台劇中，特別轟動的「寶島一村」，創下了三大紀錄：第一是，世界巡迴公演一百二十三場；第二是，民國一百年成功挑戰衛武營户外大型公演，兩日内吸引超過四萬名觀眾；第三是，預定民國一〇一年八月二十四至二十六日，將五度登上國家戲劇院，再現寶島傳奇。

這齣戲的成功在於它有魅力，能夠讓觀眾看得如癡如醉，時而感傷，時而欣慰，有時大笑，有時哭泣，淚還未乾，又破涕爲笑，這也是近年來極少見的超水準演出。

還有，企業支持或財團法人基金會贊助演出的很多大型好戲，如民國九十九年十一月，福智戲劇社演出的宗教劇「須達長者起精舍」，由杜滿生、吳祖忞夫婦改編、製作兼主演的古裝大戲，特聘旅港名導演夏祖輝執導，從基隆演到高雄，廣獲好評。

民國一百年，也有兩齣大戲，分別在國家戲劇院及國父紀念館公演；一爲由京劇故事「竇娥冤」改編的「六月雪」；另一齣則是慶祝中華民國建國一百週年的「百年好合」。據說前者是老牌導演李行的封箱大作；後者是由臺灣演藝人協會及行政院文化建設委員會、財團法人中華民國建國百年基金會共同主辦，廣邀四十多位老、中、青三代一流演員，共襄盛舉，場面之大，可說是海峽兩岸舞台劇史上前所未見。

「百年好合」的故事主題在揭示：一百個春秋，爲每個人留下不同的記憶，無論站在歷史的那一邊，總有細訴不盡的大時代悲情；聚、散、離、合，可以是故事的結局，也可以是扭轉乾坤的契機。讓我們告別過往的苦難，邁向第二個百年光明。

該劇除了製作經費充裕之外，還特別邀請臺灣戲劇界傳奇人物崔小萍參與演出，資深藝人們也在金牌編劇貢敏、重量級導演陸廣浩的量身打造下，充分發揮爐火純青的詮釋技巧，確是一齣成功的傑作。

在兩岸文化交流日趨頻繁，舞台劇的交流演出中，最具代表性的是，網路發跡的臺灣暢銷作家「痞子蔡」，其作品「第一次親密接觸」，曾由北京人民藝術劇院，改編成話劇巡迴演出，民國一〇一年四月，也在高雄春天藝術節連演三天，可喜的是，觀眾擠滿了至德堂，劇場也多了年輕族群。

臺灣戲劇的生態，隨著政治民主、生活富足及世界潮流三大因素的催化，經過逾半世紀的演變，已經跟上國際的腳步，劇場演出受到歐、美的影響很大，直接或間接也提昇了技術和水準。但總缺乏主、客觀的良好大環境，不能如紐約百老匯的盛況，一齣成功的音樂劇或戲劇，若是受到觀眾的激賞，連續上演可達數年之久，像近年的「歌劇魅影」與「獅子王」，票房收入都有驚人的紀錄。

最後，我們期盼海峽兩岸戲劇的發展，在文化交流、劇場演出良好互動的氛圍中，共同努力，在臺北及北京，能夠分別打造出像紐約百老匯一樣，劇院林立，每天都有好戲看的繁盛風貌。

（下）

孫二娘
舞劍
風姿綽約
婀娜嬌嬈
潑辣凌人

蘭氏兄弟詩集

Poems of the Lan Brothers

國家圖書館出版品預行編目資料

蘭氏兄弟詩集 / 蘭觀生・蘭隨生著 .-- 初版 .
-- 臺北市：文史哲出版社，民 110.06
頁；　公分. --（文史哲詩叢；153）
ISBN 978-986-314-554-9（平裝）

863.51　　　11008120

文史哲詩叢 153

蘭氏兄弟詩集

Poems of the Lan Brothers

著　　者：蘭 觀 生 ・ 蘭 隨 生
封面人像設計：陳 鵬 旭
視覺指導：蘭 姵 儀
美術編輯：紙 有 設 計 工 作 室
出 版 者：文 史 哲 出 版 社
http:// www.lapen.com.tw
e-mail:lapen@ms74.hinet.net
登記證字號：行政院新聞局版臺業字五三三七號
發 行 人：彭 正 雄
發 行 所：文 史 哲 出 版 社
印 刷 者：文 史 哲 出 版 社
臺北市羅斯福路一段七十二巷四號
郵政劃撥帳號：一六一八〇一七五
電話 886-2-23511028・傳真23965656
定價新臺幣六〇〇元
二〇二一年（民國一一〇）六月初版

ISBN 978-986-314-554-9　　09153

#【目錄】

Contents

詩集目錄

詩 篇

詞曲篇 Lyrics

歌曲篇 Songs

新增篇 New Additions （無英譯）

新增篇 New Additions （無英譯）

推薦序

欣喜遇知音

半世紀前，我與蘭兄（隨生）同為來自台灣的留學生，我們同為華州大（WSU）的校友（我1968年來美、蘭兄1969）我進入農學院專修食品科學，蘭兄則專攻電腦。學成後，他在AT&T任電腦工程師，我則受聘於美國西北最大乳業公司（Darigold）的品管部門，之後我們各自成家立業。

就這樣我們「道不同不相為謀」約四十年，這中間我們未曾謀面！我們也都退休了！退休後，我加入了一個取名「亞裔銀髮族基金會」的非營利機構，我會同前任的書法老師何炳森先生創立了「亞裔銀髮族書法班」。不久，退休後的蘭兄加入了我們的書法班，他參加了書法班為我往後的退休生活以及書法班活動增添不少光彩！

我們的書法班不同於一般，「以筆會友」是我們的宗旨；所以每個月最後一週的書法課由我班長負責，內容為：一小時的同學上台講課，另一小時則為藝文分享。同學講課內容由我安排：從楷、行書的基本筆

畫、偏旁部首到間架、結構等等不一而足。藝文分享部分我安排一些名人經典詩詞的介紹影片，播放完畢後大家互相討論。同學講課則每人上台講課十五分鐘左右、然後同學發問，互相切磋，然後是同學個人作品的分享，蘭兄也常常帶來許多驚艷佳作。

就這樣，在同學講課與藝文分享的活動中，蘭兄成了我不可或缺的人物。我與蘭兄也因此由相識、相交到相知至今，我何其幸運！書法班讓我與蘭兄成了惺惺相惜的知音。

蘭兄將出版《蘭氏兄弟詩集》吩咐我為其寫序，我願將多年來與蘭兄交往的經驗略述我個人的看法與心得，包括蘭兄為人與蘭兄作品；

蘭兄為人：真誠無欺

多年的交往讓我察覺到：和蘭兄相處坦誠直率讓人如浴春風。這種真誠無欺的特質正是一位藝術家（包括書法家、文學家或畫家）所必備的要素。

蘭兄作品：

所有我拜讀過的蘭兄作品，每句詩文都有一個共同點：簡單明瞭，通順易懂！讀起來順暢無比！這可

不容易，這也修正了我以前的錯誤觀念：了不起的作品要有深奥的詞彙或是引經據典，這是錯的！

蘭兄的作品告訴我：越是淺白易懂才越是受人歡迎。

針對此點，我想舉例說明：

其一（夜宿山寺 唐 李白）

危樓高百尺，手可摘星辰。
不敢高聲語，恐驚天上人。

其二（題詩后 唐 賈島）

兩句三年得，一吟雙淚流。
知音如不賞，歸卧故山秋。

這兩首絕句，每首都是短短二十個字
是多麼淺白！多麼口語化！
但是給我們的震撼卻是千古留傳！

我覺得蘭兄的詩文，通俗之外無廢話有意境，令我佩服之至！

另外，我想說說蘭兄的才情、及他的靈感來處：多年來我發現蘭兄的詩興幾乎是無所不在，即便是在我們的書法課上，蘭兄也照樣揮灑自如：容我舉些例子：

其一：書法課上我安排他講楷書中的橫豎關係，他一上台就作成七絕一首：

橫筆間矩要相等，
粗細長短有規成。
豎筆橫折建關係，
太近太遠都不行。

簡單明瞭講課完畢！

其二：我安排他講解楷書心字的寫法，他一上台，又是一首七言絕句：

心字在下不宜正，
臥鈎靠右點呼應。
以斜取勢重法度，
不偏不斜是心病。

說的好精準！

詩詞中還有一個不可缺少的要素就是真正的愛與情感（love & Compassions），蘭兄的作品中不乏其內心的真情表露；讀者從他的歌篇「雨霖霖」及「牛歌」的詞韻中可以感覺到他對人的愛與真情及對世俗名利的淡泊。

蘭兄的才情令我與之交往感到欣興。

最後，我想說點有關史上眾多詩人的外號問題，從詩聖杜甫、詩仙李白、詩神蘇軾，到詩佛王維、詩魔白居易、詩奴賈島等等不一而足，蘭兄也曾向我提起想用「詩牛」自稱，問我意見，我稍思回應蘭兄曰：「牛之為性也，只問耕耘，不問收穫，而兄台之於詩文，也是只知創作不問收穫，兩相對照，正是相得益彰，名符其實的實至名歸」。詩牛之名由此而起。以上分享我與蘭兄的故事。

謝謝賞讀！

林榮茂 2020 春

西雅圖亞裔銀髮族書法班班長

作者序

詩詞與生活情趣

詩詞是中華文化的精髓之一，也是世界文化中獨有的特色，它是表達人類情感及舒暢、滋養心懷的工具，也是通往我們心靈深處的音符，我們應該知道如何珍惜地去欣賞它，並使它發揚光大。

古今許多詩詞作家常常因觸景生情或因情而生景，寫出不少千古絕唱的詩歌，而且往往是用簡單而很少的字、句寫出來的。如果你注意到其中的聲韻、格、律和對仗，你會發覺這種巧妙的運用把詩詞雕塑得如生如畫，成為歷久不朽作品。其次，寫詩時也要注意「啟、承、轉、合」的運作，來引導讀者很自然地進入深度的感受。我相信每一首詩詞都有它的立意，大多不外抒情、寫景、述事、說理、諷世等，也可說是作者對讀者的渴望：使讀者產生一種感受與共鳴。

詩與詞有其不同之處：詩有五言、七言或間有四言之分，而詞則每句字數長短不拘，故詞又簡稱「長短句」或「詩餘」。如宋詞多是中國唐宋宮庭或民間彈唱的音樂，每首詞大多都有它詞牌名或詞調，韻律極美，古人多用於攬景寄情。如唐杜甫，被貶入蜀，於「安史之亂」平定後，在成都浣花溪草堂園中有感春晨庭園之樂，漂泊南荒之傷，而寫下的七言絕句《兩個黃鸝》：「兩個黃鸝鳴翠柳，一行白鷺上青天。窗含西嶺千秋雪，門泊東吳萬里船。」從文句表達出當時這位愛國詩人心情的悲歡滄桑。這首詩除韻律外，我喜歡的是它的對仗；第一句對第二句，第三句對第四句，平仄對偶，如：「兩個」對「一行」，「黃鸝」對「白鷺」，「鳴翠柳」對「上青天」，「千秋雪」對「萬里船」等。詩詞之讓人神往，就在墨人、騷客讀吟之際，隨韻律、對扙之意、情、境而內心表現出来的起伏、感嘆，或喜或悲；甚至入情入境，而擺動肢體至忘我之界。我頗能體會宋歐陽修所言：「覽物之情，得無異乎！」的感概。我也瞭解好的詩詞常在真情流露中洩出。李白、杜甫、蘇東坡、辛棄疾...等詩詞聖人，總在醉後留下不朽 之作不也在此！東漢曹丕在《與吳質書》便有：「每至觴酌流行，絲竹并奏，

酒酣耳熱，仰而賦詩；當此之時，忽然不自知樂也。」之句，我心有戚戚焉！

我之好詩詞應該是高中以後的事，但對國文重視則是緣自庭訓。我祖籍河南，中國數千年文化之源所在。先民生活、人倫、感情、歷史成長也從文字、詩、詞中表現其瑰萃。家父常以之訓示我兄弟。猶記初中時，因國文成績不及理想，父親厲言：「隨生，記住你是中國人，一定要把中文學好，那是你將來做人做事的基本。」僅數語，道盡老一輩對民族的認知，烙印我一生。自此「唸好國文」是我的民族感也是我的責任。之後變成我的興趣，也成為我的驕傲。

我誕生於抗日戰亂時期，童年又逢中國內戰，父親領我全家輾轉顛沛數年，經越南隨黃杰部隊來台。幼時失學，少時方得受完整的中學教育，學校國文課本中，恆古詩、詞、曲、賦、書文均有相當比例。國文教師多具功力，要求學生背、誦、寫、讀，自己也能在受教中，一窺中文之深奧、優美，喜與之，喜思之。而一本「唐詩三百首」，也是我讀而後吟，吟而

復思，享受其境、其情。1961（民國五十年）入學中央警官學校（現警察大學），國文邱愬鑑老師，沒有傲人的學歷，但學術修養豐厚，不但講授文言文，而且要學生背長篇古文。當時我年已屆弱冠，背誦自是負擔。每星期三上午是校長趙龍文先生的「讀經」課，主要是『論語』、『孟子』。趙老先生四書今釋，闡述儒家修身、治國王道之學，無非要我們做到「苦不怨、勞不伐；德不孤，必有鄰」的時代警察。而文言文詞簡意備特色，對我日後做人處世及公文處理、分析報告寫作相當得益；讀詩弄詞，也成了我公餘鬆疲解憊的嗜好。直至1969（民國五十八年），我負笈來美留學，詩詞亦復是我生活調劑枯燥，工作、暇餘的良伴。

猶記在華州大念書時候，曾與幾位好友，結伴駕車遊美國西北山川、草原。在黃石公園（Yellow Stone National Park）見那山原廣闊，翠松參天的氣勢，我會想到祖國青海高原「野馬奔騰山原間，噴泉直上青雲間」；在美國國家冰河公園（Glacier National Park）絕美壯麗冰河山川，我會想到李白的《望廬山瀑布》詩

句：「飛流直下三千尺，疑是銀河落九天」。每履美西北地區，常流連斯土田園生活....觸景生情，也會想到唐代田園詩人，王維、孟浩然的詩，吟唱幾句。即使以後研究所畢業，已在美國電話電報公司(AT&T)任職電腦工程師，究竟是身在異國，心繫故鄉，我的一首"鄉愁"：「一片汪洋萬重山，何處歸去是鄉關。一輪明月同相照，總是故鄉月最圓。」可說是寄情詩句思鄉的寫照。

當詩詞既成為我工作以外的閒趣逸緻，排勞解憂；又能託山川告白，寄日月抒情時，自己也開始有作詩填詞的行動。記得白居易的憶江南：「江南好，風景舊曾諳；日出江花紅勝火，春來江水綠如藍。能不憶江南！」及溫庭筠的憶江南：「梳洗罷，獨倚望江樓；過盡千帆皆不是，斜暉脈脈水悠悠，斷腸白蘋洲。」也讓我照這個憶江南詞牌填上我的第一首詞：「何須怨，怨也沒人聽；讓一步天高海濶，忍一時雨過天晴，滿懷是春風。」顯然，我既無白居易「日出江花紅勝火」的浪漫不羈，也無温庭筠「過盡千帆皆不是」的孤獨消極；我的視野是「讓一步天高海濶」樂觀積極的人生。

中國民間有這麼一句話：「熟讀唐詩三百首，不會作詩也會吟。」事實上，我沒有受過嚴格的詩詞寫作 指導，僅是從熟讀到認識、到嘗試，最重要是「感覺」：易讀易懂應通俗，字字句句要耐思。有情直說心中話，意到筆到便成詩。

這就是我寫詩的基本態度。我覺得寫詩，應善用古文的簡潔敘意，也要藉白話文的直接易懂，似不必過 於拘泥律格。不論是古詩、打油詩或現代詩，用普通的話語、俚語或諺語表達出作者的內心情感或感受，能夠順口有韻、迴味耐思，那就是好詩。

家兄蘭觀生是位戲劇工作者，喜愛寫作，也喜寫詩。十年前他曾出版過的一本「詩說浮世百態」送給我分享，內容豐富逗趣，我很喜歡。這幾年我也常寫詩詞與他分享、指正。一年前他對我說：「既然你也愛吟詩，我建議你把過去寫的詩詞蒐集起來，我們兄弟兩人可以合出一冊詩集送給親友及同學分享」。當時我曾猶豫，後來我想既然能分享親友同學，或其他同好，又何樂而不為，乃有共同出書之舉。並循家兄建議將我的作品英譯。

冊內我的作品共分三類：詩篇、詞篇、歌詞篇。每首詩詞有中英文對照，希望能提供一些成長在國外的華人子弟、甚至一些知曉中文的外國人，讀起來有所幫助。

順此，我要特別感謝幫助我翻譯成英文的同學老友：李昭道先生、劉瑞厚教授及兒媳劉慧君等；我更要感謝太座薇薇的支持及家兄觀生的鼓勵。

另外我要感謝的是西雅圖亞裔銀髮族書法班的同學們、馮樹楠老師、何炳森老師、林榮茂班長多年來給我的分享與鼓勵。尤其是林班長近二十年來對書法班的奉獻，他任勞任怨的領導與宏揚中華文化的精神使我感佩。

林班長還特別安排了一月一次的「藝文分享」時間，讓同學們共同欣賞中國歷代書、詩、詞精華作品，來共同學習、分享心得，我也因此獲益良多，並獲得不少鼓勵，所以我在此也特別表達感恩之心。

蘭隨生 敬筆 2020 年春於西雅圖

【詩篇】

Poems

春風

雲去霧來為誰忙？桃李花開等誰賞？
若無春風來相伴，可知誰會最悲傷？
人間生活也如是，扮個春風樂久長。

隨生撰 2016 春季

Spring Spirit

Why is the cloud and fog hastily come and go? Who is it catering to?
Blooming peach and plums are for whom to appreciate?
If spring time is not accompanied by spring breeze, who is mostly impacted and saddened?
People on earth always yearn for spring breeze to bring long lasting happiness.
What would lives be without spring spirit?

千里念老友

夕陽無限秋景好，願同老友共歡笑。
千里持酒對明月，兩地花間肝膽照。

蘭隨生敬撰 2018 年元旦

Holding a Glass of Wine to Toast Old Friends from Thousands of Miles Away

As I age the sunset has become more beautiful,
I wish to get together with old friends to enjoy laughter.
I am holding a glass of wine
under the moon
thousands of miles away.
Although we are separated
by two beautiful places,
We can still show the deepest
sincerity for each other.

上圖是筆者的孫女雅琴所繪，六歲。

登山賞鳥

犬吠漸遠離市井，鳥啼趨近山林行。
彎路漸窄踏無跡，百鳥歌舞交響詠。
仰望枝頭晨陽照，雜草石苔野花馨。
靜坐溪旁聽鳥語，此時有聲還無聲。

隨生春遊撰詩 2016 年

Mountain Bird Watching

The noise of dog barking slowly faded as we left the town,
Ever further and further away.
The sound of birds singing approaches closer and closer as we hike near the mountain forests.
The winding trail slowly becomes narrower and ends.
We see many kinds of birds happily singing and dancing as if they were performing a symphony.
The morning sun light is shining through from top of the trees.
I smell the fresh scents of the wild flowers among the weeds and stone moss on the ground.
I sat down quietly next to the creek and listened to the birds singing.
It was so peaceful in my heart at this moment,
I could not hear anything, while the birds were still singing.

山與峰

引文

昨夜夢東坡，悟道寫一歌。
獻君請賞評，不知入時否？

本文

山中有山峰有峰，
橫看是山縱看峰。
欲知群山誰最高，
須得入山看縱橫。

詩牛蘭隨生撰 2018 年夏日

Mountains and Peaks

POET'S NOTE

I met Dongpo in my dream last night,
An inspiration caused me to write this poem.
I want to present it to you for your thoughts.

POEM

There are mountains within mountains and peaks within peaks.
When you look from the front, it is all mountains and from the side it is all peaks.
If you want to know which mountain or peak is the highest?
You need to go into the mountains and look from all directions.

詩詞欣賞要點

1. 景、情
2. 格、律
3. 對仗
4. 起承轉合
5. 立意
6. 品嚐意味
7. 感覺情感

詩牛筆記 2017 春

註：格是指字數、句數。韻律是指平仄聲韻。
對仗也即對偶，是字、句及音韻的對應。
我希望讀者有機會能夠讀讀蔣勳老師的兩本著作：
《品味唐詩》、《感覺宋詞》，將更會體驗到中華詩詞的博大精深。

詩中要有景與情，語中對仗要平衡。
音中要有好聲韻，意中要能味無窮。
承前啓後轉而合，成詩才為最上乘。
要用心思去品味，才能感覺意與情。

To Write or Appreciate a Poem, One Should Understand the Following

1. Scenery and compassion
2. Rules, composition and rhymes
3. Antithesis
4. Start, continuations and turning point as a whole
5. The main purpose or theme of the Poem
6. Use your heart to taste
7. Use your feeling to understand

思鄉

一片汪洋萬重山，何處歸去是鄉關。
一輪明月同相照，總是故鄉月最圓。

詩牛蘭隨生撰 2008 年夏日

Homesick

A vast ocean and thousands of mountains lay between me and my hometown,
Yet my hometown is where I would like to return.
It is the same moon that shines upon every town on earth,
However, the moon which shines in my hometown is always the roundest and brightest.

春光滿院

庭院杜鵑年年開，
堂前雙燕歲歲來。
蜂蝶有情蜜蜜語，
我心戚戚溫柔待。
無邊美景何須尋，
春光處處在心懷。

隨生撰詩 2017 年 5 月初

My Garden is Full of Spring and Beauty

Azaleas blossom in the courtyard spring after spring.
Swallows come to the terrace year after year.
Honey bees and butterflies make music in harmonious melody.
My sorrow heart is softening and yearning.
My eyes are indulged with endless beauty,
My mood is raised with intense springtime emotion.

笑看人生

笑看人生一場戲，真真假假落滿地。
活到八十始方悟，世間最難尋真理。
幾度西陽幾度秋，是非成敗逐海流。
一壺濁酒對山月，笑走人間苦與愁。

隨生持酒吟詩 2020 年 1 月

Laughing at Life

Life is like a burlesque show.
Truth and falsehood are interwoven.
At seventy years old, I just realized that truth is elusive.
After many sunsets and autumns have passed,
Truth or false, success or failures have all been washed to sea.
With a bottle of home-made wine, gazing at the moon and mountains,
We should walk through life's harshness and sorrow with laughter.

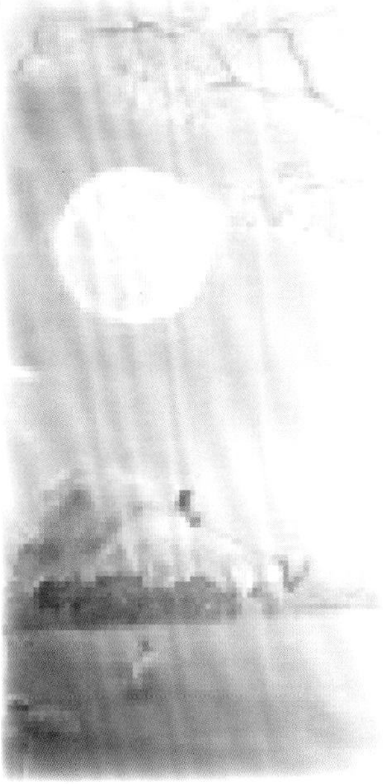

秋思

秋高月明人心爽，
遊子思國欲斷腸。
最是中秋團圓夜，
誰來伴酒月娘娘。

隨生中秋感懷 2018 秋

Home Sick on the Night of the Autumn Festival

During high autumn, people enjoy the bright moon season.
Oversea travelers think of home and are heart broken.
Especially gathering together on the night of the Autumn Festival.
Who is going to toast to the Moon Goddess but me?

祈和平

蓮花荷花開共塘，紅黃紫白一般香。
雞鴨同院不爭鬥，牛馬相處亦和祥。
天下人類同相處，何需飛彈何需槍。
愛心能救人間苦，寬恕能治心中傷。

詩牛隨生撰 2012 年 12 月

註：蓮花是 指睡蓮，荷花是指夏荷，
兩者雖是同家同類，但其花葉皆有不同之處。

Pray for Peace

Lotus and water lilies are blooming in the same pond,
Blooming with fragrant red, yellow, purple and white flowers.
Chickens and ducks coexist in the same courtyard without squabble.
Cows and horses coexist harmoniously.
When human kind in the world living together,
Why does it need missiles and guns?
Love and kindness can save human suffering.
Forgiveness can cure one's wounded heart.

紅月蝕

月娘何事鎖心中，昨夜相見臉通紅。
半開半閉羞見人，何不說出心苦衷。
若非悔恨偷仙藥，還是心愧有偷情。
夜夜心寂兩千年，古今習俗已不同。
若是愛上太空人，回鄉一定受歡迎。

蘭隨生撰 Sep 27.2015 中秋夜看超級紅月蝕

Red Lunar Eclipse

Shy to face us, why not tell us what is in your mind?
Do you regret stealing fairy medicine, or feeling guilt for a secret affair?
Silent in heart for some two thousand nights,
Cultural matters have long changed.
Having affair with an astronaut?
You will be welcome to come home!

西雅圖深秋

昨日一夜又秋風，
楓葉松針落滿庭。
雁遷鳥去湖面寂，
秋去冬來雨重重。
深院落葉掃不盡，
明日西風又西風。
任去獨自登高樓，
更看山水山水中。

蘭隨生撰 2017.11 月深秋已到的我家前後院

Late Autumn in Seattle

Yesterday the cool autumn wind blew day and night,
Fallen maple leaves and pine needles have littered my yard.
Geese have migrated away from the lake and left behind a lonesome lake.
Departure of autumn has invited winter in with frequent rain fall.
The yard is filled with fallen leaves that require endless raking.
Continuous westerly wind will be here tomorrow.
I climbed the stairs up in a tall building by myself,
I can see more beautiful mountains and lakes among the mountains.

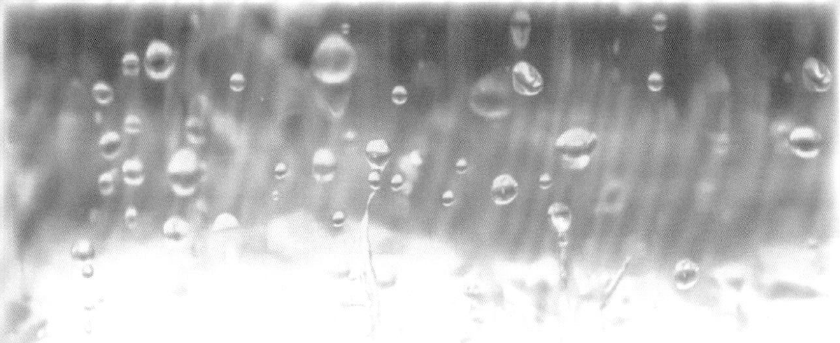

甘霖

甘霖自天降，江河入海流。
萬物被其澤，天地人長久。

蘭隨生撰 2018 年春

Precious Rain

The Precious rain breaking the drought,
Streams and rivers flow into the sea,
Blessing on all creatures.
Heaven, earth and human beings are happily living together forever.

春湖

舍北春湖平如鏡，對岸花木倒影紅。
近水荷包爭嬌艷，喜見鴛鴦穿梭中。
忽來情舟蕩波起，荷動鏡破鴛鴦驚。

隨生庭院吟詩 老友助興作畫 2018 夏日

Spring Lake

The Lake next to the north side of my house was as calm as a mirror in the Springtime.
The colorful flowers and plants on the bank across the lake are reflected in the lake.
Many of the beautiful lotus flowers in the water close to my house are very attractive.
Glad to see there is a couple of mandarin ducks swimming amongst the lotuses.
All of a sudden a love boat appeared.
The wave caused by the boat broke the glass like surface,
Disturbed the lotus flowers and startled the ducks.

登五酒桶山（台灣桃園）

慕名來登五酒山，一氣登上山頂端。
專心一意來飲酒，所見都是空酒罈。

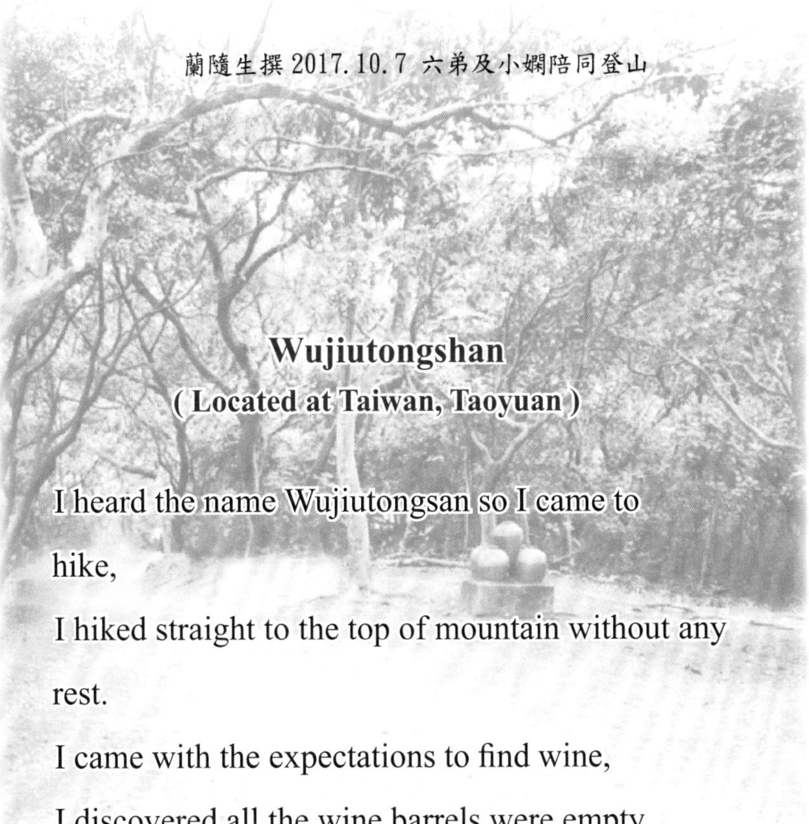

蘭隨生撰 2017.10.7 六弟及小嫻陪同登山

Wujiutongshan
(Located at Taiwan, Taoyuan)

I heard the name Wujiutongsan so I came to hike,
I hiked straight to the top of mountain without any rest.
I came with the expectations to find wine,
I discovered all the wine barrels were empty.

春色滿院

桃李爭艷柳枝芽，小姑笑顏勝過花。
滿院春色關不住，一枝紅杏到鄰家。

蘭隨生撰 2017.3 月

Spring is Full in My Courtyard

Peach and plum trees are competing with the
beauty of budding willow trees,
The beautiful smile of my sister-in-law is better
than the blooming flowers,
A garden full of spring color can not be hidden.
A red apricot tree branch will inevitably grow into
my neighbor's house.

洛陽關帝廟

千秋忠義關帝廟，
桃園結義膽肝照。
洛陽獨葬關羽首，
氣貫天宇民自豪。

隨生撰於河南洛陽 2012 年秋

註：關羽是三國著名將領，位列蜀漢「五虎上將」之首，逝世於公元 220 年。關羽死後頭葬在河南洛陽，身子葬在湖北當陽。現在洛陽、當陽各有一處關羽墓，民間盛傳，關羽「頭枕洛陽，身臥當陽，魂歸故里。」所以關羽墓地有兩個地方。

Guan Yu Temple at Luoyang

Guan Yu temple symbolizing Guan Yu's loyalty,
Heart-to-heart oath pledged in the PeachGarden.
Guam Yu's head entombed under the temple,
His loyalty and chivalry inspiring all.

怎樣寫好打油詩

易讀易懂應通俗，
字字句句要耐思。
有情直說心中話，
意到筆到自成詩。

隨生撰 2014 年季秋

How to Write a Popular Poem

Easy to read, understand and communicate with ordinary words.
Every word and phrase can be pondered on.
Sentiments must be expressed with heart felt straight forwardness.
Expressing ideas with a pen will create poems.

王醫師箴芳學長千古

松柏凋落楊柳寒，
花謝葉枯枝孤單。
摯友離我歸仙去，
音容宛在書法班。

書法班全體同學敬悼

詩牛敬撰 2017 年初秋

Memorial for Classmate Gen Fong

Pine and cypress wilt, poplar and willow trembles.
Withered flowers and leaves left bare and lonely branches.
A good friend left me to become a deity.
His voice and presence remains in the calligraphy class.

瑞雪

昨晚瑞雪降，天地一白蒼。
今日聖誕臨，萬事現吉祥。

隨生筆記 2016 聖誕日於西雅圖

Lucky Snowfall

Signs of lucky snow fell last night,
The world was covered in white.
It was timely for Christmas day,
Manifestation of nature has brought good luck
for people.

筆友藝文分享

老來更覺夕陽好，筆友同聚共歡笑。
欣喜來賞好藝文，詩書畫歌會心照。

蘭隨生敬撰 2018 年 1 月

Calligraphy Friends Sharing Chinese Literature

When you grow older you will feel the sunset is beautiful.
Calligraphy friends get together to celebrate and Laugh.
Come together happily to enjoy great Chinese Literature.
Tacitly shared poems, calligraphies, paintings and Songs.

觀瀑布

百川掛長天，清水石上流。
老友山亭坐，只欠一壺酒。

隨生撰 2017. June

Watching Waterfalls

Rivers hanging alongside the skies,
Clear waters floating through the mountain rocks.
Sit in the mountain pavilion with friends,
It would be perfect with a keg of wine.

訪老友劉教授瑞厚

老友相聚話舊事，佳餚美酒瑞厚家。
暢遊美景維斯塔，再賞瀑布毛努瑪。
後院月下爐火聚，依依不捨心中話。
欲盼來日再相聚，願君保健莫錯差。

隨生於 2016 年春訪劉瑞厚兄，並約莊訓鎧兄夫婦遠來同聚。

註：維斯塔 Vista House　　毛努瑪 Multnomah falls

Visiting My Dear Old friend, Professor Liu
(Old Friends Reunion)

Dear old friends Ray and James reunion, endless recalling
of old happenings-Fine wine, delicious food at Ray's home.
Admire the Columbia Gorge from the top of the Vista House,
view the Multnomah Falls from below-beautiful scenes.
By the firepit flame, heart-to-heart chatting-hard to stop,
Look forward to gathering again-wishing all stay strong.

懷念上週相聚

春風到、西陽好、乾杯酒、相歡笑、言未盡、
親情到、相別多、共聚少，扮個春風最逍遙。

A Week After the Reunion

(Thinking of Last Week's Reunion)

With the spring breeze,
beautiful scene of the sunset,
we were toasting to each other,
laughing together.
With the endless conversations,
and the warm-hearted gathering,
we enjoyed so much.
We should always embrace the spirit of spring,
since the reunion is priceless for us.

讀二哥築夢詩有感

培林築夢多，作詩賜予我。
創意極風趣，情感更飽和。
欣讀起共鳴，千里夢會合。

隨生撰 2007 年季秋

Read My Elder Brother's Dream-build Poems

PeiLin built a lots of dreams, wrote poems sent to me.
It was creative and humorous, full of affections.
The resonance makes me feel great, and to join his dream
from thousands mile away.

賀三嫂新春如意

坐七望八看斜陽，此刻正是好時光。
勸嫂珍惜人間樂，心寬懷濶壽自長。

隨生敬書 2018 年新春

To Wish My Third Sister-in-law to Have Good Fortunes in the Chinese New Year

As we watch the setting sun in our seventies and looking forward to become eighty.
This is precisely the best moment in our lives.
I urge my sister-in-law to cherish the happiness in this World.
Open your heart and broaden your chest to enjoy Longevity.

賀世林兄生日旅遊快樂

好時好景雙燕行，遨遊山河享人生。
祝君健康又快樂，壽如南山歲長青。

蘭隨生敬賀 2017 年秋

To Wish Shih-Lin a Happy Birthday and a Great Trip

The lovely couple travel together in the great scenery
and good time to enjoy their happy life.
I wish you, my dear couple, have great health,
Happiness and longevity in the years to come.

賀新春

日正當中好春光，快樂人生來方長。
樂觀勤業要創新，養愛子女教有方。

隨生賀星輝、佩儀侄新春快樂 2018 年農曆春節

To Wish Sing-Hui and Pei-Yi
A Happy Chinese New Year

At high noon the radiance of spring has been displayed.
Lots of happiness in life is still ahead of us.
Be optimistic, hardworking and innovative in life.
Raise your children with love and educate them with best practices.

迎新年

一曲新詩一杯酒，匆匆一年到盡頭。
白日西落東再起，光陰一去不可留。

同學友情永遠在，相愛關懷益深厚。
一同快樂迎新年，保健身體莫落後。

蘭詩牛敬撰 2016 新年

To Welcome the New Year

A new poem with a glass of wine,
A year has hurriedly come to an end.
The sun has set in the west and will rise again from the east.
Once time has passed, it can not be preserved.
The friendships with classmates will remain forever.
Love and care for each other is profound.
Join together to happily welcome the New Year,
Do not neglect to take care of your health.

一桿進洞

有幸邀得八老友，
再來加國共敘球。
一桿進洞如天助，
開心共歡如夢求。
隨生八十又回春，
願能天天同敘球。

2018 年 8 月 14 日於加拿大溫哥華

Hole in One

Eight of my good golf friends travelled together,
Went to Canada to play golf again.
Suddenly, I got a hole in one and I felt like God had
helped me.
We were so happy and celebrated it as
though we were in a dream.
At the age of eighty, I felt like I had been rejuvenated.
I hoped that I could play golf with old friends
every day.

遨遊桂林小詩記　五則

Short poems while touring Guilin Nov. 2015

其一

桂山漓水曲

桂山千點尖，漓水一線牽。
兩岸花竹樹，何似在人間。

Gui Mountain and Li River

Gui mountain has thousands of mountain peaks,
The water of Li River connects the mountains,
Banks of the river are lined with flowers, bamboo groves and trees.
Feels like heaven on earth.

遨遊桂林小詩記　五則

Short poems while touring Guilin Nov. 2015

其二

桂山長青

山奇水秀漓江頭，
風平浪靜江悠悠。
古今英豪逐波去，
青山依舊水長流。
天下美景皆主賜，
知福感恩心寬厚。
惜嘆人間春秋短，
賦詩留念贈老友。

Gui Mountain is Forever Green

Fascinating mountains and the beautiful scenery at the head water of Li River.
Calm winds and gentle river are leisurely flowing
past and present heroes are riding.
Evergreen mountains and water will continue to flow as always.
Picturesque sites on earths are God's gifts.
Cherish God's blessings and exclaim heart felt appreciation.
Sighing that time on earth is short.
Composed this poem and presented it to my good old friends.

遨遊桂林小詩記 五則

Short poems while touring Guilin Nov. 2015

其三

漓江小綠舟

遠看像支船，近去綠村田。
四周環水抱，綠村一尖山。

A Small Green Boat on Li River

It looks like a boat from the distance.
Upon a close look, it is a green field in the village.
It is surrounded by water.
The green village has a mountain peak.

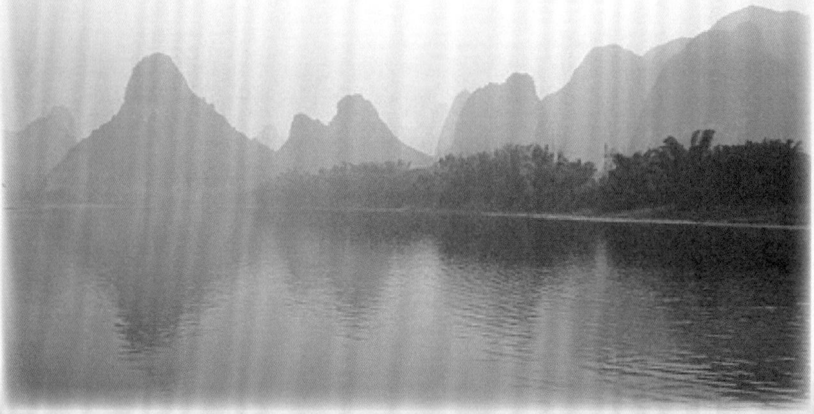

遨遊桂林小詩記　五則

Short poems while touring Guilin Nov. 2015

其四

漓江俏漁翁

奇山秀水一竹舟，
風平浪靜江悠悠。
漁翁捕魚有妙方，
無須撒網無須鉤。
只見兩鳥放出去，
捉得魚兒樂回頭。

Li River Has a Smart Fisherman

Among odd mountains and beautiful water,
there is a boat.
Calm winds and gentle water are leisurely flowing.
The fisherman has a magical method to fish.
No need for net or hooks,
Only needs to release two birds.
They will catch fish and happily bring it back.

遨遊桂林小詩記　五則

Short poems while touring Guilin Nov. 2015

其五

陽朔源名曲

廣西有個陽朔縣，山水優美世罕見。
奇峰秀水觀不盡，置身其景忘世間。
陽朔縣名有典故，原名叫作羊角山。
羊角兩山南北對，龍鳳屹立賽神仙。
南山為陽北山朔，日月生輝九重天。
祥光瑞氣大吉利，陽朔取代羊角山。

How Yangzhou County Was Named

Guangshi province has a Yangshou county.
A rare beautify on earth with picturesque mountains and water.
Endless view of odd mountain peaks and beautiful water,
Engrossed in this scenery causes to forget this world.
Yangshou County has a classical story;
It's historical name was Sheep Horn mountain.
Sheep Horn mountain has a northerly and southerly opposing buttes.
Dragon and Phoenix stood ready to fly to compete as immortal deity.
The southerly butte became Yang and the northerly butte became Shou (Shou means yin).
The rays from the sun and moon brighten the sky,
The wonderful light and scenery bring us great luck.
Yangshou has replaced Sheep Horn Mountain.

雲台山 四則

2012 年 10 月隨生偕家兄觀生，暢遊位居河南焦作市修武縣境內知名景點雲台山、中國國家 5A 級風景名勝區，也是世界遺產地質公園，遊玩中寫實，撰詩七絕四首。

其一

雲台山外貌

世界遺產雲台山，
遠望山頂極平凡。
近看紅石千萬層，
入內方見大奇觀。

Mt. Yun Tai — View from a Distance

Mt. Yun Tai - a World Heritage site in China.
An ordinary view of the mountaintop from a distance,
Million layers of red rocks in a closer look,
Spreading wonders from the interior.

雲台山 四則

其二

入山觀境

層層壘壘雲台山，
小路曲曲彎彎彎。
懸崖深谷疑無路，
穿過岩洞新奇觀。

Mt. Yun Tai — Insite Look

Layers and layers the Mt. Yun Tai,
Zigzagging and zigzagging the winding trail.
Canyon and precipice blocking the road,
Through a cave revealing another wonder.

雲台山 四則

其三

谷底觀天

紅石千層百萬年，
山高崖深一線天。
冬暖夏涼藏龍谷，
清泉石壁掛長川。

Mt. Yun Tai — Sky View from Canyon Base

Thousand layers of red rocks-expounded across million years.
Sky a bright line-on top of steep cliff-from canyon base.
Canyon base-with warm winter and cool summer-playground of dragons.
Water falling down the cliff-resembling a river hanging on the rock wall.

雲台山 四則

其四

樂遊忘返

鐘乳洞內掛鐘乳，
奇觀谷中添奇觀。
身沐美景難離去，
願留此處伴神仙。

蘭隨生撰 2012 年秋於河南鄭州

Mt. Yun Tai — An Enjoyable Journey That Never End

Stalactites and stalactites inside stalactite cavern,
Wonders and wonders enriching wonder valley.
Bathing under spectacular scenery never want to leave,
Wishing to stay forever with angels.

頌新居

豹山蒼松翠入天，環山抱水景非凡。
北瞰江水滾滾來，焉知賽湖扮神仙。
遙望貝克山頂雪，恰似壽翁來拜年。
閣庭美景世稀有，凡人那信是人間。

隨生撰寫 2002 年 9 月

註：好友在西雅圖東郊的豹山（Cougar Mt.）上購得新居，面向北方，遠處可瞭望貝克山（Mt Baker)，山頂白雪終年不化，好似白髮老人走來。近處可鳥瞰風吹波動風景優美的賽瑪斯湖（Lake Sammsmish)。看到這個風景不禁寫下此詩。

Praise a New Home

The evergreen trees on Cougar Mountain grow as tall as the skies; The beautiful home surrounded by the majestic scenic view of water and mountains.

Viewing the river from the North, as water rolling in on Lake Sammamish,

It's like an angel appearing.

Viewing the snow at the top of Mt Baker,

It's like an old man coming down to wish me a Happy New Year.

The beautiful rare view of the house is like paradise.

Humans will not believe it exists on earth.

同學會後獻詩

今午有幸又相聚，一首驪歌樂與憂。
喜見哥們青山在，特獻老來詩一首。

～老來樂～

忙中偷閒吟一詩，與君分享解消愁。
七十歲來隨心欲，八十春到還風流。
老年還童少年心，含飴弄孫樂悠悠。
一杯濁酒忘世慮，風聲笑談聚老友。
夕陽無限好黃昏，快樂在心無盡頭。

隨生敬撰 2016.9 月 30 日

Presented a Poem After a Class Reunion

Delighted that a classmate gathering was held again today.
A high spirited song with somber and joyful music.
Happy to see brothers have retained their youthfulness.
I like to present this special gift of poem to my old friend with great joy.

Joyful During Old Age

Stole some time in a hectic life to recite a poem,
Sharing with friends to enjoy and relieve stress.
At 70 can still desire lust,
At 80 while in the mood can still be romantic.
An old man is transformed to a child with youthful desire.
It is sweet to leisurely play with grandchildren.
All worldly worries are forgotten with a glass of homemade wine.
Old friends gather to talk and exchange laughters.
A beautiful twilight with the sun setting in the distance,
Feeling of happiness in the heart is endless.

何炳森老師讚

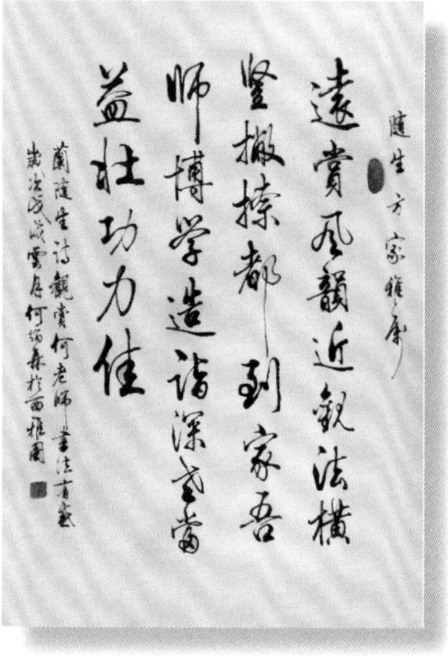

何師揮筆春風揚，
腕底行雲流水長。
書道筆意像羲之，
法韻骨肉似晉唐。

隨蘭隨生撰 2014 年夏

註：法韻；是指唐代盛行"宗法"
　　和晉代講求"尚韻"。

For Calligraphy Master Hé

Breeze-like calligraphic sway by Master Hé-carries an image of moving cloud and flowing river under the brush; Wang Xizhi-like stokes and structure-he exploits the rhymes and rigidity typified of the Jin and Tang Dynasties.

馮樹楠老師讚

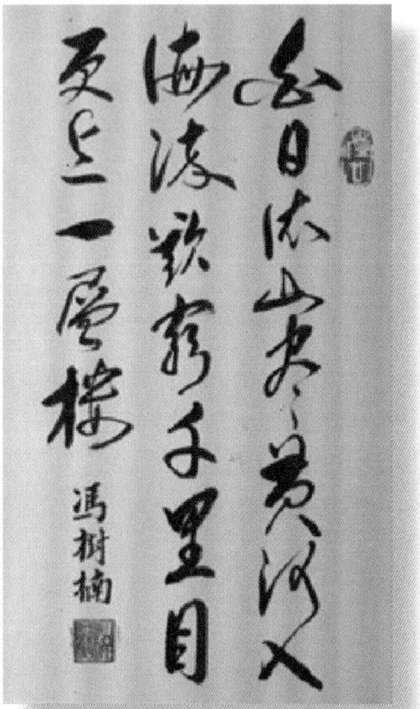

馮師揮毫創意多，
古今書體造詣博。
裝裱作品精又新，
取長中西獨一格。

隨生撰 2013 年春

For Calligraphy Master Feng

Rich in style and novelty, Master Feng's
calligraphic stroke overflows with grace of classic
and modern;
Framing artworks with skill and ingenuity,
He creates a unique style capturing the virtues of
the East and the West.

賀老友八十生日

人生七十為古稀，
今天八十不為奇。
祝你快樂保健康，
活到百歲更結實。

詩牛隨生敬賀 2017 春

Congratulations to an Old Friend Who Turned 80 Years Old

In the ancient time it is very rare to see one's
age turn 70 ,
Today turning 80 is not a rarity.
Wish you happiness and health.
Live to be 100 with sturdier body.

庭前玫瑰似薔薇

看是玫瑰似薔薇，
說是薔薇像玫瑰。
因它高出屋簷上，
又無牆籬可依偎。
薔薇玫瑰何道是，
不如稱它為玫薇。

詩牛譔 2018 夏日靜坐庭前賞玫瑰

Roses in Front of My House Look like Rose Multiflora

The roses look like Rosa multiflora,
While they say Rosa multiflora, but it looks like roses.
Because roses can grow taller than eaves of the
house without a wall or fence,
Should they be called rose or Rosa multiflora?
Why not just call them rose multiflora?

巴里島之旅 詩二則

其一

下山谷

千梯百丈峽谷深，步步階階戰兢兢。
兩岸林木蔽天日，不見谷底已失魂。
尚未行到半程路，汗流腿軟不從心。
唯恐千古失足恨，到底才覺魂回身。

Walk Down the Canyon

The canyon had one thousand steps leading to the bottom,
Every step was taken with fear and trepidation.
The forest that covered both side of the canyon shielded the sky,
Unable to see the bottom of the canyon was unnerving.
I did not even reach the halfway point,
I was already sweating profusely, and I was not able to control my shaky legs.
I feared losing my foothold, which would cause me to regret for eternity,
Not until I reached the bottom, I finally regained my sanity.

巴里島之旅 詩二則

其二

急流泛舟

六人同登橡皮舟，五組齊發下急流。
水勢兇湧撞石壁，浪花飛濺過人頭。
幾度驚險避大石，頻頻考驗好舵手。
一瀉千里轉百彎，有幸安達白沙洲。

Canyon River Rafting

Six persons shared a rubber raft, a team of five rubber
rafts were launched into the rapids.
Turbulent water was crashing against the boulders in the
river, foam of breaking waves flying over our heads.
We managed to avoid been smashed against the boulders
several times, helmsmen's skills were tested time after
time in dodging the boulders.
The raging water flowed through miles of switchbacks,
we were very fortunate to finally land on a white sandy
islet.

我愛傅瑩

中國女神看傅瑩，剛柔優雅好笑容。
飽學幽默思維好，機智犀利最出眾。
心博學，氣質高，靈豐盈。
不炫耀，不張揚，不空洞。
每對國際挑釁會，魄力風采勝群雄。
愛國愛民肯奉獻，樂觀淡定笑春風。

詩牛蘭隨生撰 2017 年春

註：傅瑩 女，中國職業外交官，人大代表。

I Admire Fu Ying

Observed Fu Ying as a Chinese goddess,
Firm yet flexible, graceful with a nice smiling expression.
Scholarly, humorous and thoughtful,
Wit and sharpness stand above others.
Well studied, personable, graceful and well-rounded,
When encountering international provocation,
Courage and style is beyond everyone on site.
Willing to sacrifice for country and its subjects,
Optimistic, calm, collected and smiles in a youthful manner.

拉斯維加斯之遊

以球會友又相會，攜桿再遊不夜城。
有稱天下好樂園，有道地上罪惡宮。
球道彎曲果嶺滑，人生苦樂皆是空。
天堂地獄有多遠，只在一念寸田中。

隨生撰 2019 年 3 月於 LosVegas

Trip to Las Vegas

Golf buddies meet again,
Putting together in the sleepless town.
Some call it paradise under the sky,
Others judge it as evil ground on the earth.
The fairways and greens are cured and slippery,
Life presents the same challenge as golfing.
The distance between paradise and hell is a snap decision in your heart.

故國神遊 詩二則

其一

氣壯長白山

昔聞天池如夢幻，今登長白山連天。
一片薄霧去悠悠，天池靜坐在仙間。
山河氣壯千萬里，華夏屹立在坤乾。
青年力築中國夢，富民強國莫等閒。
中華兒女遍天下，故國神遊不欲還。

蘭隨生作 2016. Oct. 於長白山

A Heroic Spirit of Changbai Mountain

Famous Changbai Mountain sits in an immortal world.
Submitted Changbai Mountain that connected with the sky.
A sheet of thin cloud traversed melancholy.
Tienchi Lake quietly sitting in the world of deity,
Magnificent mountains and rivers extend for thousands of miles.
China stands tall between the heaven and earth.
Youth are working hard to build the Chinese dream.
In order to enrich the people and build a strong country we must not be idle.
Sons and daughters of China in every parts of the world.
The divine tour of homeland makes going back home difficult.

故國神遊 詩二則

其二

悠悠天池水

昔聞天池水，今登長白山。
山湖影日月，氣象一萬千。
中朝一池隔，兩地別有天。
中方築國夢，朝方造飛彈。

蘭隨生作 2016. Oct. 於長白山

A Deity of Tienchi Lake

Heard of the famous Tienchi lake log time ago,
Climbed Changbai Mountain today,
The mountain and lake reflect the sun and moon.
Variation of the scenery is endless.
China and North Korea are separated by the lake.
Each place has distinct objectives,
China has the dream of building a strong country.
North Korea work hard to build missiles.

新疆大漠南北

白雲高飛天際外，野馬馳騰大草原。
天山底下寶藏豐，綠洲四面好沃田。
葡萄美酒好豐收，肥羊壯牛群偷閒。
得天獨厚大漢魂，中華文明千萬年。

隨生撰 2014 年秋

The Taklamakan Desert of Xingjiang

White clouds are flying high over the horizon,
Wild horses are galloping over the great prairie.
There are many great treasures buried under Tianshan Mountains,
There are irrigated fertile farmlands around the green oasis.
Grapes and wines are abundant,
Flock of sheep and herds of cattle roam freely.
Richly endowed by nature, enjoy exceptional advantages,
The Chinese civilization will prevail forever and ever.

昆明及西雙版納高球旅遊 詩三則

Kunming and Xishuangbanna

Golf Trip Oct 2017

其一

一年又至月正秋，新舊朋友聚高球。
版納山美如仙景，一日敘球解百愁。

The annual fall season is upon us,
Old and new friends gather for golf again,
Everlasting beauty of Xishuangbann,
A day of golf is relief for hundreds of worries.

其二

瀾滄江畔好酒家，御餚美酒情意佳。
笑談人生道不盡，勸君今宵莫惹花。

A courtyard next to the Lancang River bank has good restaurant bars,
Best food and fine wines are served with excellent ambiance.
Endless conversation with laughter on facts of life,
It is advisable not to provoke woman tonight.

其三

一週作客在雲南，夜夜夢迴仙境間。
有幸共來同叙球，盼望明秋再相見。

Spent one week in Yunnan province as a guest,
Had dreams each night that revolved around been in heaven.
Very fortunate to be able to play golf with friends,
Looking forward to next autumn to meet again.

蘭隨生敬撰 2017 年 10 月

春風結良緣

一聲砲，哇哇叫。
爬上山，兩相歡，一夜風雨結良緣。
大風吹，雨加雷。
風不停，雨不休，滿江春水入海流。

詩牛蘭隨生撰 2015 年春節

Spring Breeze Bonds Happy Match

Sound of fire crackers,
Children yelling,
Climb up the mountain,
Both are joyous,
A night of wind and rain bond a happy match.
Heavy wind,
Rain and thunder,
Relentless wind,
Continuous rain,
It is just as the river filled with spring rain flows toward the sea.

書法班中秋節聚餐

年年秋節聚一堂，
書友盡將明月賞。
分揮神筆共相磋，
風韻法意晉宋唐。

詩牛蘭隨生撰 2018 秋節

Calligraphy Classmates Celebrating the Mid-Autumn Festival

The celebration of Mid-Autumn festival takes place every year,
Friends of the calligraphy class enjoyed the event under the full moon,
Everyone demonstrated and shared the skills of calligraphy.
The rhyme, the charm, the rule and the meaning were passed down from Jin、Sung、Tang dynasties.

書法要訣之一

劃多不宜粗，
劃少忌身大。
直鈎垂中細，
邊傍分上下。
橫筆稍扛肩，
重心平穩雅。

詩牛 2016. Jan. 26

註：中國文化博大精，書法尤最，作者喜愛習書，偶爾寫首小詩與西雅圖書法班同學分享。

One of the Key Secrets to Succeed in Chinese Calligraphy

When a word has many strokes, the strokes should not be crude.
When a word has fewer strokes, strokes should be smaller.
A straight hook should be skinnier in the middle of a vertical stroke.
A side portion of a character should be contrasted to show their height differences.
A horizontal stroke should have a slightly higher right shoulder.
The center of gravity of a character should be balanced and elegant.

比巍湖冬雪湖面奇觀

薄霧輕散雲清天，比巍湖面現奇觀。
半邊湖面似冰河，半邊水波影潺潺。
北面為陽南面朔，此乃天地大自然。
春花秋月冬夏異，四季景色多變幻。

詩牛吟雪 2019. Feb. 11

比巍湖（Beaver Lake）面上的"冰雪"與"水"相對蔚為奇觀，是冬天鮮少的現象。

Beaver Lake Winter Wonder

Thin fog disperses along with light cloud,
Exposing the blue sky together with a scenic reflection on Beaver Lake.
Glacier-like frozen water appears on part of the lake,
Contrasting the waving water on the remaining part of the lake.
Sunlight from the north enriches the shadow on the south,
This is the beauty of enduring nature.
Spring flower and fall moon differ from summer or winter,
Constantly changing scenery of four-season.

冬雪

豬年後院瑞雪降，新春諸事現吉祥。
昨晚大雪一尺深，今晨大地煥然新。

詩牛 2016. Jan. 26
春節除夕夜（2019 年 2 月 4 日於西雅圖 ）

Winter Snow

Year of the pig arrives with fresh snow in the backyard,
New-year brings along prosperity.
Foot-deep snow last night,
The universe has been renewed this morning.

春節初四又大雪

小詩一則：2/8/2019

昨夜大雪又一場，鐵車不能出車房。
天寒地凍家中暖，吟詩寫字身心爽。

Big Snow Again

Another snowstorm came last night,
Automobile unable to get out of garage.
Bitter air and frozen ground contrast warmth inside the house,
The is the time to enjoy poetry and calligraphy.

2/11/2019 此地兩週來連續降雪量已打破了二月份百年的紀錄！

雪困

白天鏟不盡，夜來雪更深。

鐵車困不動，吉人不出門。

廳閣靜觀景，吟詩舒真情。

詩牛蘭隨生吟雪

To Be Snowed In

Snow shoving is a never ending job,
Additional snow fell overnight with accumulations.
The car is stuck in the snow.
Smart people no longer venture outside.
While enjoying the snow scenery from the warmth and comfort room,
This is a good time to recite poetry to enjoy its true meaning.

留越回憶

四年留越謀生求，多少辛酸多少愁。
六十年前流亡事，不堪回憶淚欲流。
努力做事誠待人，終於得到好報酬。
老來小成無憂慮，感謝上天靠奮鬥。

蘭隨生撰 2017.8.25

註：作者 1949 少年流亡越南。

Memory of Staying Abroad in Vietnam

Lived in Vietnam for 4 years to make a living,
It was miserable and filled with anxiety.
A personal experience of exile 60 years ago,
Cannot bear the memory which causes tears to flow.
Worked hard and treated people with sincerity,
Eventually received good rewards.
Success came with old age and there are no longer any worries.
While struggling to succeed thank God for his blessings.

放眼看生命

生命本來無始終，何須計較時與空。
生生不息如春夏，凋落更替如秋冬。
天地長久人長在，日月運轉永不停。
蒼天賜人信望愛，萬物共榮大道行。

蘭隨生撰 2020 年初夏

註：信、望、愛乃人類對上天宇宙萬物的信賴、愛心、及希望。

Look at Life

There is no beginning and end to life,
Why bother to measure its time and space.
Life and rejuvenation in nature is like spring and summer,
Death and rebirth rotate like autumn and winter.
Heaven and earth are everlasting but the lifecycle will continue,
The sun and moon continues to rotate forever and ever.
God gave us faith, hope and love,
Therefore, the principle of prosperity and great way of life for all will continue.

生命為何物？

生命，生命沒有一定的開始，也沒有一定的結束，生命是永恆的。當我們來到這個世界，那僅僅是個小小短暫的一程路，我們要愛護這段路旁的每個小花、小草和小蟲，也更要珍惜身邊的生命、友誼與親情....。

生命，生命就如春夏秋冬的運轉，沒有一定的開始，也沒有一定的結束。當春天來的時候，它會滋潤大地的生命，夏天來時它會助長大地的強壯，秋天會賜給生命更多的食糧，冬天會給生命安閒的休養，這一切都是永恆的地久和天長....。

生命，生命是上天賜給我們的恩寵，我們來到這個世界上，必須珍惜這短短一程路；無論是生男或育女、或是種一棵樹、或是寫一本書，或是作一首歌，都是對"創造宇宙繼起之生命"有著重大的意義和使命。生命與自然大地是一體的，隨著大地同宇宙的運行，它是永遠無止無息的，我們的生命觀應該是與大地共歡笑，與大自然共繁榮，與宇宙共長存，此乃大道之行，永生無休，天之道也。

旅美華人蘭隨生七十後感言 2018 年春

What is Life ?

(Translated by Mr. Chao Li)

Life, Life has no definite beginning or end, rather, life is eternal. As we have arrived in this world, our life span is short and it is a brief voyage. We must love and protect every flower, grass and insect in our path, we must cherish life, friendship and families that surround us....

Life, Life is like changes in the season, spring, summer, fall and winter. Seasons has no definite beginning or end. When spring comes around it provides nourishment on earth to sustain life. Summer brings renewed vitality to make earth and life stronger, autumn blesses life with abundance of food and winter rejuvenate life by providing a restful period with peace and tranquility. Life is eternal, forever and ever....

Life, life is a gift from heaven with grace and love, as we have arrived in this world, we must treasure this short journey. Whether it is for raising a family, planting a tree, writing a book or composing a song they all relate to the quote "The meaning of life is to create the successive life of the universe". The quote is profound and mission specific. Life and the nature on earth are integrated as one, the earth moves in unison with the universe; life continues its cycle forever and ever. Our perspective for life is to live harmoniously with nature, prosper with the earth and coexist in the universe. This is the path of life, life is eternal, ceaseless and it is the heavenly principle.

This is a reflection on life by Frank S. Lan, a Chinese residing in the US.

Water

下面這首詩，是我受邀西雅圖市公共交通文化詩歌會，寫的一首英文詩。

Water, water, you are my lover !
Without you, I can not live ever, and never.

Water and water,
You nourish the world in all levels.
Without you, the earth would be a desert.
You are indeed the savior of life.

Water, water,
When I get dirty, I need to take a shower.
You always make me feel clean and better.
Without you I would get dirty and dirtier.

Water, water, you are my favorite character.
You are always treating everyone equally in poor or in richer.
You never look down on people, instead you always want to stay down lower.
From the sky, from the mountain, down to the lake, down to the river, stay in the ocean happy after!

Water, water, you are always so gentle.
I learn from you on how to respect, how to behave by your behavior.

Water, water, you are my lover.
You are in me and I am in you, we are always together.
I love you in every moment, forever and ever.

Frank Lan April 2018

【詞曲篇】

Lyrics

何須怨（望江南）

何須怨，怨也沒人聽；
讓一步天高海濶，忍一時雨過天晴。
滿懷是春風。

詩牛蘭隨生 2017 年春

註：括號內的（望江南）是詞牌名，也即詞調名。
本書中其他詞牌名不另加註。
望江南的詞牌格律；
平［平］仄，［平］仄仄平平。
［仄］仄［平］平平仄仄，［平］平平仄仄平平。
平仄仄平平。

Do Not Complain
(Song : Wang Jiangnan)

Do not complain, for nobody likes to listen anyway.
Take one step back, the sky will be higher and the ocean wider.
One moment of patience, the rain will be cleared.
It will be followed by sunshine again.
The spring will be always with you.

思鄉曲

前文

晨曦日照春無疆，靜坐庭院卻思鄉。
情來興到成一曲，不吝獻君同分享。

本文

嘆時光似箭，怕白髮蒼顏，念兄弟手足，
想同窗學伴。憶童年台灣，恨山遙水遠，
我欲乘風歸去，又怎捨得那銀髮老伴。
緬懷神州，望穿秋水霄漢。

隨生靜思 2018 年春日于西雅圖

POET'S NOTE

Light of dawn shines in the morning, which has no boundary;
I sit still in the courtyard with mind wondering and feeling homesick and nostalgia;
With full emotion, I share a poem with you.

POEM

Time passes faster than a flying arrow, now I am left with grey hair and wrinkled face,
Remembrance of siblings and classmates is bitter sweet.
Recalling growing-up in Taiwan although it is so far away and parted by mountains and oceans,
But would not stop my desire to go home.
How can I leave my old mate with full head of grey hair!
Adoring the dream land where I was born,-zealously watching the endless ocean and high sky!

憶舊（虞美人）

春光到來催花開，一年復一載。
舊地重遊不是夢，奈何總是不見舊蹤影。
情絲抽繭無盡頭，但願人長久。
每當天涯歡樂時，最是斷腸、撲朔與迷離。

詩牛撰詞 2017 季秋

Reminisce
(Song : The Beautiful Lady Yu)

Every year when spring arrives,
The flowers bloom again.
Revisiting places I have visited before is not a dream anymore.
Unfortunately, the shadow of the past is never to be seen again.
My love for her and affection is endless,
I wish her happiness and longevity to last forever.
Each time while I am at a happy and celebratory occasion,
I feel my heart is broken,
Confusion and sadness descend at this moment.

流水無情（浪淘沙）

流水總無情，心懷從容。晨起對鏡笑三聲。
任自開心無怨語，一覺天明。
落花又匆匆，可貴人生。好景不長多珍重。
今日與君盡歡酒，明日誰同。

隨生靜思 2018 年春日于西雅圖

小註：浪淘沙，詞牌名。雙調（兩闋）五十四字，
前後闋各四平韵，一韵到底。

The Water Flows Like Time Is Unforgiving

(Song : Langtaosha)

The rushing water flow is always merciless; I always feel it with calm and peace.
I got up in the morning and looked at the mirror, and laughed 3 times.
I have not complained nor blamed anyone,
I slept soundly throughout the night.
Flowers are short lived so life is very precious,
Good time is not going to last so take good care of yourself.
I want to toast with you happily today,
No one knows what is going to happen tomorrow.

秋吟（天淨沙）

秋風歸雁晚霞，
美人香酒鮮花，
天涯海角流沙。
月圓日下，
中秋夜最想家。

詩牛撰 2019 中秋於西雅圖

Song of the Night on the Autumn Festival
(Song : Tianjingsha)

The autumn wind returned during sunset.
Beautiful women, fragrant wine, fresh flowers
accompanied me.
I still felt like quicksand placed at the edge of the world.
Under a full moon, I felt most home sick
especially on the night of the Mid-Autumn Festival.

秋老（浣溪沙）

鬢白腮潤秋已深，
樓台吟詩歌舞琴，
世事何須我操心。
遠山近水低薄暮，
秋風明月弄葉影，
菊花謝時卻無情。

詩牛笑秋老 2018 年季秋

Late Autumn
(Song : Melody of Sandy Creek Washers)

With white hair and healthy cheek color in the late autumn,
Singing, dancing and reading poems with music,
There is nothing for me to worry about it in the world.
When evening approached, there was fog near the water,
And the mountain seemed further away.
The autumn wind and the bright moon make the shadow of the leaves dancing.
When chrysanthemums start to wither,
You will feel time is so unforgiving.

鄉愁（菩薩蠻）

千山萬里望穿洋，一片烏雲罩家鄉。
無奈登高樓，風雨使人愁。
歸雁乘風去，鮭魚逆水游。
何時回鄉關？一年復一年。

詩牛蘭隨生 2017 年夏

註：詞牌格式

雙調四十四字，上下闕各四句，兩仄韻、兩平韻，兩句一換，凡四易韻。
上闕後二句與下闕後二句字數、平仄相同。
上下闕末句都可改用律句平平仄仄平。

[平]平[仄]仄平平仄，[平]平[仄]仄平平仄。[仄]仄仄平平，
[仄]平[平]仄平。
[仄]平平仄仄，[仄]仄[平]平仄。[平]仄仄平平，[平]平[平]仄平。

Nostalgia
(Song : Buddhist Dancers)

With thousands of mountains and miles of ocean separating my hometown,
My hometown is covered by dark clouds.
I climbed up to a high tower,
The wind and rain made me more worried.
Wild geese riding the wind return to the warm climate,
Salmon swimming upstream return to their birth place.
When could I go back to my hometown?
I am yearning year after year.

西雅圖之春（採桑子）

春到西城華湖美，
岸花春曉，湖帆日照，
白髮相依永不老。

雷尼山湖月倒影，
春暖人間，香酒在船，
此時不歡何時歡？

蘭隨生 2017 春

註：詞牌格式

雙調四十四字，上下闋各四句、三平韻。
［平］平［仄］仄平平仄，［仄］仄平平。［平］仄平平，［仄］仄平平［仄］仄平。
［平］平［平］仄平平仄，［平］仄平平。［平］仄平平，［平］仄平平［仄］仄平。

Spring in Seattle
(Song : Mulberry Pickers)

Spring has arrived in Seattle; Lake Washington is so beautiful,
When flowers bloom along the shores announcing the arrival of spring.
Sail boats sailing in the lake enjoying the sunshine.
Couples with white hairs don't feel old anymore.
The shadow of Mt Rainier and the moon reflecting in the lake upside down,
The warm spring has descended on us,
Plenty fine wine in the boat.
If this is not the time to be jubilant, When will it be?

醉花吟

西風刺骨冬雨綢，新冠肺炎染全球。
政府無對策，醫生無藥救。
百姓呆在家，還要鎖多久？
願見曙光冬雨後，奈何新冠還不走？

春到新藥尚未出，疫例人數知多少？
工廠停、飯店倒，窮人失業吃不飽。
經蕭條、股市掉，富人賠錢添煩腦。

此疫何時有盡期？花開花謝水自流。
欲除此憂求神助，才下眉頭，又上心頭。
開窗簾、見水仙，人比黃花瘦。
蹲在家、不出門，持酒吟詩醉消愁。

隨生撰詩于西雅圖 2020 初春
正值黃色水仙花初開時節

Singing and Drinking Somberly over Blooming Flowers

Accompanied by the piercing cold wind and winter rain,
Corona virus has spread all over the world.
Governments have no counter measures,
Doctors have no medicine.
People are staying at home,
How much longer will people have to be locked up at home?
I hoped to see the dawn of a new era after the winter rain,
Why coronavirus has not left us yet?

Spring is here, there is still no medicine for treating Corona virus patients,
The virus continues to spread,
How many people have been infected?
Factories stopped production, restaurants closed,
Poor lost their jobs and have a hard time making ends meet.
With the economy in recession and stock market sliding,
Rich people are also worried.

When will this pandemic end?
Flowers bloom and whither,
Rivers flow without a concern.
I felt a temporary relief after praying to God for help.
However, after I found my worries returned to my mind.
When I opened my curtain, I saw daffodils,
I realized I was worrying too much.
Being confined in my home, unable to go outside,
I decided it might be better to reduce my worries by singing and drinking wine.

重聚（相見歡）

十年離又聚首，夢中求。
相見一夕勾銷十載愁。
淚已盡、春無恨，已白頭。
從此相依永遠不分手。

詩牛蘭隨生撰詞 2017 春日

註：相見歡的詞牌格律
雙調三十六字，上闋三句、三平韻，下闋四句、兩仄韻、兩平韻.,

[平]平[仄]仄平平，仄平平。[仄]仄[平]平[平]仄、仄平平。
[仄][平]仄，[平][平]仄，仄平平。[仄]仄[平]平[平]仄、仄平平。

Happy Reunion
(Song : Joyful Rendezvous)

A reunion after being ten years apart,
It is like a dream,
Within one day of the reunion, ten years anxieties has been dispelled,
Our tears have drained, time has passed, hair has grayed.
From now on we are going to stay close and never be part again.

警大同學聚會（相見歡）

一年一度相逢，又匆匆。
無奈流水落花又秋冬。
欣相見、話難斷，感懷同。
老來應是歡樂笑春風。

蘭隨生撰 2017.10.26

註：相見歡的詞牌格律
雙調三十六字，上闋三句、三平韻，下闋四句、兩仄韻、兩平韻.

[平]平[仄]仄平平，仄平平。[仄]仄[平]平[平]仄、仄平平。
[仄][平]仄，[平][平]仄，仄平平。[仄]仄[平]平[平]仄、
仄平平。

Central Police University Annual Reunion
(Song : Joyful Rendezvous)

The Annual reunion, has quickly ended,
Frustrated spring flowers withering and return of autumn and winter.
The joyful gathering, endless chatting,
And recalling the past with deep feelings.
As we age we should have laughter with spring wind.

西城好（憶江南）

西城好，世界都知道；華湖春夏有千航，
雷山全年戴雪帽，風景世稀少。

詩牛蘭隨生撰於西雅圖 2017 年春

註：華湖 Lake Washington
雷山 Mt. Rainier

Beautiful City of Seattle
(Song : Dream Southern Shore)

Seattle is a nice city, it is known all over the world.
During spring and summer Lake Washington is dotted
with thousands of sail boats.
Mount Rainier has a snowcap throughout the year.
Only a few places on earth have such a beautiful scenery.

相思夢（長相思）

山重重，水重重，
身在天崖山水中，
夜夜夢相逢。
你在等，我在等，
直到海枯石爛終，
我倆必聚同。

隨生撰 2020 春

山重重水重重身在
天崖山水中夜夜夢
相逢你在等我在等
直到海枯石爛終我
倆必聚同

Yearn for Love in My Dreams

(Song : Love's Longing)

Separated by thousands of mountains and a vast sea,
I live in the remote corner of the world but I see you in my dreams every night.
You and I are yearning to see each other but when the sea dries up and the rocks break down,
We will eventually be united.

月光下（長相思）

其一

一輪月，一列星，月圓星熠碧晴空，寂寞瓊樓宮。
花葉茂，塘水清，風來花動月弄影，月娘頻傳情。

其二

菜一碟，酒兩杯，佳餚醇酒美人隨，唯妳別無誰。
詩一首，歌兩闋，佳人伴唱月下閨，唯妳別無誰。

註：瓊樓宮即月娘宮。
閨即閨蜜，原本是形容女性之間的親蜜，現代男女特別親蜜關係也有使用此辭。

詩牛月下吟 2020 年夏日

Under the Moonlight (Song : Love's Longing)

A full moon and a string of stars,
The moon is bright, stars are glistening, the sky is clear,
Yet the moon palace is solitary.
Lush foliage and flowering trees reflecting in the clear pond,
When the breeze shakes the leaves,
The reflections of the flowering trees and the moon in the pond moving with the wind.
Is lady moon expressing her lonely amorous feelings?

One good dish, two fine glasses of wine,
My fair lady accompanying me,
Just you and me without anyone else.
A great poem and two wonderful songs,
My fair lady sings with me under the moonlight,
Just you and me without anyone else.

【歌曲篇】

Songs

秋吟

夏日去，秋又到，天涼氣爽明月高。
風瑟瑟，葉飄飄，紅楓山坡斜陽照。
雁南飛，落霞好，形影齊飛暮中消。
遊子思鄉秋宵夜，萬里天涯靜寂寥。

詩牛隨生吟詩 2018 年季秋

Song of Autumn

Summer has gone; autumn has return,
Chilly fresh air is accompanied by a bright high hanging moon.
Wind is whistling through trees and rustling the leaves,
The bright sun shines on the red maple trees at the foothills.
Geese flying south in the sunset,
The harmonious picture fades in the dusk.
A lonely traveler feels home sick in this autumn night,
Two ends of the world separated by thousands of miles in this tranquil night.

牛歌

牛牛牛，牧童吹笛我不愁。
日出作，晚歸休，春夏耕耘秋豐收。
世間事，如浮雲，沒啥讓我去爭求。

牛牛牛，田園生活沒煩憂。
山林茂，水清流，鷄犬羊馬皆朋友。
世間事，如浮雲，沒啥讓我去爭求。

蘭隨生作詞 2016 年春日

Song of Cow

Cow, cow, cow!
When the boy herding the cows starts to play his flute,
My worrisome thoughts disappear.
When the sun rises work starts,
When the sun sets head home to rest.
Cultivate in the spring and summer,
It will bring good harvest in the fall.
Worldly affairs like clouds in the sky,
They are not my concern.
Cow, cow, cow!
I love country life, because nothing can distress me.
A lush forest is on the mountain,
With clear water in the river.
Chickens, dogs, sheep and horses are all my friends.
Worldly affairs like clouds in the sky,
They are not my concern.

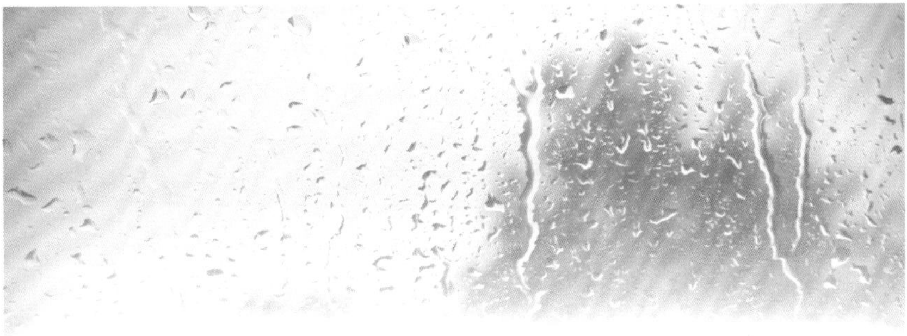

雨霖霖

雨霖霖，雨霖霖，咱倆曾愛同聽雨聲音。
雨霖霖，在閨房，在香徑，我倆牽手聽雨心連心。
捲竹簾，半掩門，為何離我一去無蹤尋。
白天覓，夜夢尋，何處再見你的容貌和音訊。

雨霖霖，雨霖霖，咱倆曾經發誓永不分。
雨霖霖，風沙沙，雨打萍，沒有你在何處是良辰。
楊柳岸，酒醉醒，無言獨對殘月欲斷魂。
白天覓，夜夢尋，何處再見你的容貌和音訊。

蘭隨生作 Oct 2016. Seattle

註：為紀念一對好友夫婦，先生過世後，描寫其夫人的心情而作。

Endless Rain

Endless rain! Endless rain! We used to love listening to the sound of endless rain together.
Endless rain! In the bedroom and in the garden path,
Our hands and hearts were always held together in listening to the sound of endless rain.
The bamboo curtain was rolled up and the door was ajar.
Why have you left me without a trace?
I am looking for you during the day and searching for you at night in my dreams.
Where can I see you or hear from you again?

Endless rain! Endless rain!
We had promised each other never to separate when we were listening to the endless rain.
Endless rain! The whisper of wind and the sound of raindrops splashing during the endless rain.
Without you, where can I find propitious time?
When I woke up from being drunk under a willow tree on a riverbank,
I quickly gazed at the moon with sorrow and loneliness.
I am looking for you during the day and searching for you at night in my dreams.
Where can I see you or hear from you again?

這答案要自己去尋找

不知道，你要經過多少次的跌倒才能學會走？
不知道，你要經過多少次的春夏才能變成熟？
為什麼，你總是聽了沒有懂，還是看了沒見到？
不管是年少、年輕或年老，這答案都要自己去尋找！

不知道，那一天你能聽見母親的呼喚才回頭？
不知道，那一天你會感到滿足才會不貪要？
不知道，那一天你能夠把自己的夢想變成真？
不管是年少、年輕或年老，這答案都要自己去尋找！

不知道，為什麼你不懂什麼是人間的愛和情？
不知道，為什麼你總是生活沒有快樂和歡笑？
為什麼，你總是聽了沒有懂，還是看了沒見到？
不管是年少、年輕或年老，這答案都要自己去尋找！

蘭隨生撰詞 2017 年 12 月

The Answer Is Up to You to Find Out

I wonder, how many times you have to fall until you can learn to walk?
I wonder, how many springs and summers have to pass before you mature?
I wonder, why you never understand or could see where I am coming from?
Whether you are young or old,
The answer is up to you to figure out.

I wonder, when will you will be able to listen your mother's calling and turn around?
I wonder, when will you feel satisfied and stop being greedy?
I wonder, when will you be able to make your dream come true?
Whether you are young or old,
The answer is up to you to figure out.

I wonder, why don't you understand love and feelings in the world?
I wonder, why does your life have no happiness and laughter?
I wonder, why you never understand or could see where I am coming from?
Whether you are young or old,
The answer is up to you to figure out.

長壽歌

一杯酒一碗湯，一個蘋果一塊薑。
七分飽重營養，多喝開水少吃糖。
定時睡早起床，心懷開闊多原諒。
天天笑無憂傷，感恩知足不可忘。
常走路多歌唱，心情年輕壽自長。

蘭隨生獻詩 2017年4月5日

A Song for Longevity

A glass of wine and a bowl of soup,
An apple and a slice of ginger,
Emphasize on nutrition and eat no more than seventy percent full.
Drink more water and eat less sugar,
Follow a fixed schedule for going to bed and getting up early in the morning.
Open your heart and broaden your chest to forgive others.
Daily laughter will ward off grief.
Do not forget to be thankful for your blessings,
And don't forget to be content with what you have.
Walk and sing frequently,
Have a youthful frame of mind in order to enjoy longevity.

老故園（長相思）

一重洋，萬重山，山多海濶煙水寒，相思老故園。
紅葉謝，百花殘，落葉歸根還自然，浪人在天邊。

一重洋，萬重山，山多海濶煙水寒，相思老故園。
白髮蒼，遲暮顏，春去冬來年復年，浪人在天邊。

一重洋，萬重山，山多海濶煙水寒，相思老故園。
天倫樂，歌詩閒，奈何思鄉不盡歡？浪人在天邊。

隨生撰 2020 初夏

My Hometown (Song : Love's Longing)

A vast ocean and thousands of mountains separated with cold misty expanse in between, I yearn for my hometown.
As tree leaves turn red and flowers wither, they fall to their roots and return to the soil.
A loafer is in the yonder.

A vast ocean and thousands of mountains separated with cold misty expanse in between,
I yearn for my hometown.
As my hairs turned grey and my face wrinkled in late life, Sprig departs and winter settles in year after year.
A loafer is in the yonder.

A vast ocean and thousands of mountains separated with cold misty expanse in between,
I yearn for my hometown.
I am blessed with heavenly joy in spending time with my family, I can chant and write poetry, why do I continue to miss my hometown and not just enjoy my present life?
A loafer is in the yonder.

中國夢（將進酒）

君不見，
中國高鐵天上來，往來歐亞三日回。

君不見，
中國大橋跨四海，飛越山河通九洲。
自古華夏大民族，文治武功世稱雄。
唐宋文明揚天下，遠近邦鄰來進貢。
清末百年列強侵，受盡欺辱與瓜分。

睡獅醒，世震驚，
為國家，雪恥恨。
民族大團結，奮力再振中華魂。
中華菁英齊高呼，喚起革命向復興。
全民共築中國夢，研發科技造衛星。
強國富庶民自由，和平統一事自成。
霸道日落王道起，世界惟此永太平。

將進酒，君莫停，
唱一曲大同世界，萬民歡飲普天慶。

詩牛敬撰 2018 年春

Chinese Dream (Song : Li Bai's Song of Wine Toasting)

Do you see?
The Chinese bullet trains are heaven sent; a round trip from Europe to Asia only takes 3 days.

Do you see?
The Chinese built bridges soaring over mountains, rivers and oceans.
Through Chinese history, the Han people have made China a big nation with great scholars and military accomplishments.
During the Tang and Song dynasties, the Chinese civilization has been well known all over the world . Neighbor countries and countries from afar came to China to pay their tributes.
During the late Qing dynasty, China suffered a great deal of humiliation and part of China was subdivided by western powers.

The sleeping lion woke up and shocked the world.
China will seek revenge for the past insults.
All of the Chinese ethnic groups united to rally with great power to revive the Chinese spirit.
Members of Chinese elite to shout loudly to start a revolution to rejuvenate China.
Citizens of China began to unite in building the Chinese dream by developing science and technology to build satellites.
A strong country must have wealthy citizens with freedom.
Peace and reunification issues will automatically be resolved.
An authoritarian government is dying and a benevolent government is rising.
This is the way to achieve everlasting world peace.

Let us toast and not stop.
Let us sing a song of world peace, all people raise their cups to celebrate.

【新增篇】

New Additions

品詩老人

少年讀詩不知趣，老來品詩情意濃。
天下處處有詩意，人間時時見友情。
空山寂靜似無情，寂靜始有情意生。
老來情懷境界闊，更覺詩情味津津。

詩牛讀詩有感 2020 年季秋

觀賞何炳森老師書法有感

遠賞風韻近觀法，
橫豎撇捺都到家。
吾師博學造詣深，
老當益壯功力佳。

詩牛撰 2018 年春

紅桃綠柳（一剪梅）

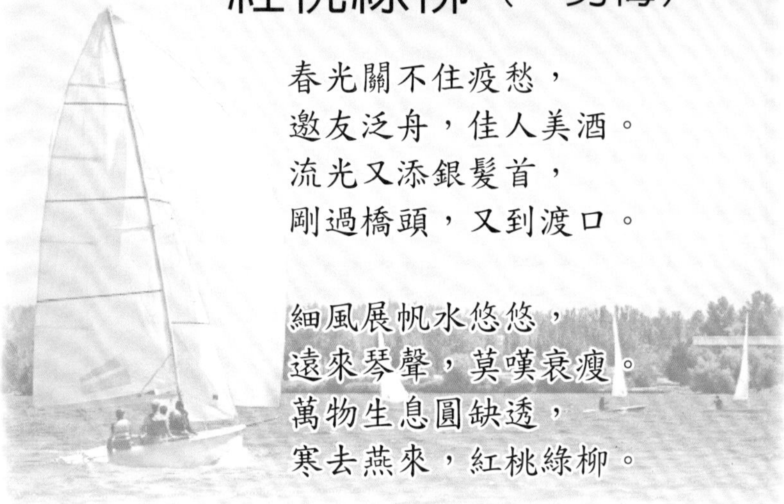

春光關不住疫愁，
邀友泛舟，佳人美酒。
流光又添銀髮首，
剛過橋頭，又到渡口。

細風展帆水悠悠，
遠來琴聲，莫嘆衰瘦。
萬物生息圓缺透，
寒去燕來，紅桃綠柳。

詩牛蘭隨生詞

作者釋意：春遊作樂時光好。

"剛過橋頭，又到渡口"，和從年青到白首都隱含著時光之快，歲不饒人也。

萬物生息循環乃自然之道。

"寒去燕來，紅桃綠柳" ，當春光再來時，這世界會更美好，何必嘆息自己的衰老和消瘦呢！

祝福你；朋友們，請把握現在，除了要感恩和回饋上天賜我們這個美好的世界外，請盡情地玩樂與歡笑才是重點呀！

註：（一剪梅）詞牌

雙調小令，六十字，上下片各三平韵。

每句並用平收，聲情低抑。亦有句句皆韵者。

訪子光兄

秋高登樓訪邊府，
欣見美景開肺腑。
左看歷歷大屯山，
右望萋萋觀音樹。
前瞰滾滾淡水河，
後面海峽懷大陸。
身置仙境不忘莒，
心安感懷自是福。

隨生訪老友邊子光教授於台灣淡海 2011 年秋

春早報晴天

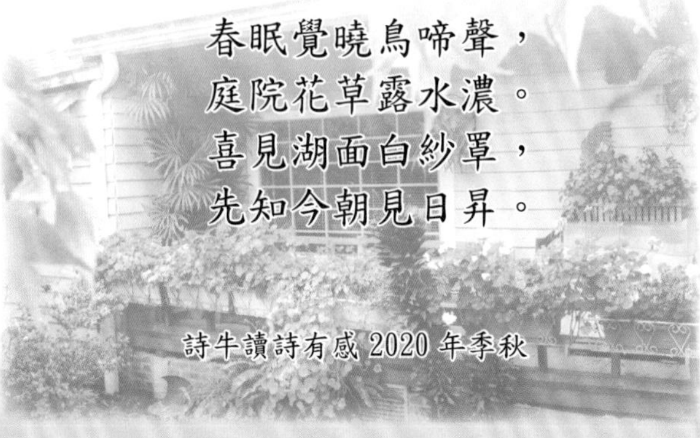

春眠覺曉鳥啼聲，
庭院花草露水濃。
喜見湖面白紗罩，
先知今朝見日昇。

詩牛讀詩有感 2020 年季秋

櫻花詩

春花秋葉都是紅，花開葉落年年同。
小姑依欄望花呆，不知心上人影踪。
我欲趨前好撫慰，又恐傷她心更痛。
紅顏嬌媚今非昨，愛情無恆皆是空。

隨生撰 2010 年暮秋

晚霞

夕陽山水晚霞，青草小徑香花，湖邊小戶人家。
行到岸邊柳下；更看那遠山、近水、漁舟、紅霞，
今晚忘卻回家。

2020 年 8 月蘭隨生詠霞

註：前三句第一段只描述大然的安排，完全是自然意象，沒有一點人的主觀或客觀的意念，主在靜。第二段描述作者包容在大自然中的感觸與意念，人和大自然的融合與互動（天人合一）。

觀賞丁仕美行書運筆有感

行雲流水春風吹，
龍騰鳳舞燕雁飛。
抑揚頓挫有法韻，
一氣呵成馬難追。
橫豎撇捺點神妙，
使人猶如沐春輝。

詩牛觀賞名家行書寫作（曹操的觀滄海）
https://youtu.be/38QFwQvLLD8

李叔同

天生才子風流士，一生悲歡皆是空。
走遍天崖無一事，問何聲色欲寄情。
春愁秋思難消盡，誰家樓臺又笛聲。
晚風拂柳笛聲殘，夕陽山外山寂行。
夢時故是夢，醒時何非夢。
詩詞、書法、教學樣樣通，
美術、音樂、演戲更上乘。
風華一世紅塵悟，出家修道成高僧。
弘一法師來世後，人間再無李叔同。

詩牛撰 2019 冬

追念二哥蘭培生（字培林）

其一
寫蘭聖手非虛傳，
一生作畫留人間。
桃李弟子滿天下，
發揚國粹人人讚。

其二
寫蘭比美釋道濟，
繪花酷似徐文長。
描竹妙肖鄭板橋，
畫鳥有如八大仙。

隨生撰 2020 年夏日

註：釋道濟 即清湘老人，石濤。八大仙 是指清初八大山人，朱耷。
山人合一是為仙也！

左起：蘭堉生、蘭觀生、蘭更生、蘭培生、蘭隨生

登沙丘山

夏晨漫步大海邊，
聽濤觀雲黃沙灘。
左看雙嶺環海抱，
右見兩座沙丘山。
全山黃沙七尺深，
未登此山不知難。
辛苦爬上沙丘頂，
方知此丘通海天。

隨生撰 2014 年夏日

雷尼爾山

白頭鶴立鷄群中，
昂首傲視雲上層。
高坐林海映日月，
馳名美西第一峰。

詩牛撰於西雅圖 2012 年秋

註：雷尼爾山即 Mt Rainier 位於 US Washington 州。

秋去冬來

其一

昨晚一夜又秋風，
楓葉松針落滿庭。
雁遷鳥去湖面寂，
秋去冬來雨重重。

隨生撰詩 2007 年暮秋

其二

秋去寒意濃，
冬來雨重重。
葉落枝頭孤，
花謝鳥無踪。

其三

前院落葉掃不完，
後院湖寂好入眠。
天寒地濕沒球打，
習字吟詩心自歡。

隨生撰詩 2007 年初冬

伴呂佛庭老師登雷尼爾山

雷山高峻直通天，巍峨壯麗非一般。
山頂白雪常年在，鶴立雞群傲群山。
輕車慎行伴仙翁，跨河越嶺路遙遠。
漸行山近樹漸高，百歲松柏趨眼前。
停歇山腰小客棧，步入山道訪神仙。
漸入仙境疑無路，驀然回首靈芝現。

1983 年夏日

註：雷尼爾山即美國西北部最高的大雪山 Mt Rainier in Washington State .
喜歡遊山看水的國畫大師呂佛庭來訪，隨生深覺呂老師對山水的情感有如李白所説「五嶽尋仙不辭遠，一生好入名山遊」，因此特別陪同呂老師赴雷尼爾山二日遊並作詩記。

觀鷚鳥

嘴長腿長脖子短，
背褐肚白色兩面。
飛群列隊翔高空，
左右運轉快似電。
忽褐忽白獵鷹惑，
直上雲霄如青煙。
一年三季居北極，
冬來作客普捷灣。
來往旅途六千里，
鋭眼觀星知航線。
海空原野任意飛，
自由無羈令人羡。

2012 年冬蘭隨生撰於西雅圖

註：鷚鳥 英文名 Dunlin　普捷灣 英文名 Puget Sound

美朝峰會

美朝第一次峰會～新加坡

翻雲覆雨看川普，大言無悔面堂皇。
簽約銷核自得意，不視金胖計中囊。

美朝第二次峰會～河 內

川金二會在越南，各懷妙計在心間。
金胖欲舒經壓困，川老雕功為大選。
只因雙方缺誠意，兩日無果就分散。
川老回首再討價，金胖自有心中盤。
兩個好漢演雙簧，天下高手台下看。

詩牛 2019 年 3 月 3 日

杜甫夢李白

杜甫念李白，久無音信益憐才，
夢中兩相遇，持酒吟詩敘情懷。
斗酒詩千首，飄零數十載。
匡山讀書處，願君早歸來。

2020 年深秋隨著生撰

黃山初雪

壯麗黃山報初冬，
一幅雪景掛長空。
天工巧奪人間畫，
明日更看好日昇。

詩牛吟雪景 2020 年 9 月 7 日

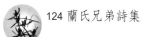

颱風夜酒情記

（2020 年 4 月 1 日晨收到從台灣好友劉世林教授寄來一首詞如下：）

風疾雨灑青埔，
酒勁情温清塘。
藍色的憂鬱，
紅色的陷阱，
勸君勿須染輕愁，
與卿交杯不停留。
興盡酣歸時，
敢問再來日。

註：青埔；台灣桃園。　清塘；社區名。
「藍色的憂鬱」、「紅色的陷阱」 皆雞尾酒名，此處借喻。

復世林兄夜酒情記

風疾清浦塘，冠疫把腳綁。
君智不出門，把杯將酒賞。
紅鷄尾、藍憂傷，兩者合飲也無妨。
明日相聚幾何時？
八千里、隔海洋，
今可對飲同上網。

隨生敬覆 2020 年 4 月 2 日

寒冬風雪　打油詩添笑玩

（西雅圖東郊）

大雪日

昨夜大雪飄，
今晨白樹梢。
大地被棉蓋，
深冬已報曉。
一夜一呎深，
十年也稀少。
冰天雪地厚，
孩童玩雪橇。
我無高球打，
作詩自逍遙。

2008 年 12 月 24 日

瑞雪

瑞雪飄飄報冬寒，
春秋荏苒又一年。
迎新除舊忘憂慮，
虔誠潔心賀聖誕。

2006 年 1 月

斷電日

昨夜惡風吹，
樹倒花枝摧。
民商皆斷電，
全城面目非。
饑寒雙交迫，
有米不能炊。
高驕文明人，
此日也可悲。

快樂勇敢向前跨

青絲已過，滿頭白髮。
半生奮鬥，九千繁華。
有平有伏，有順有差。
富貴貧賤，酸甜苦辣。
驀然回首，瞬間剎那。
百年之後，一把黃沙。
昨日已去不可追，
明日未知何須求。
今日最是好時光，
快樂勇敢向前跨。

春郊弄高球

春滿大地結朋遊　，
風和日麗賽高球　。
輕擊慢推現球藝　，
果嶺花香又一樓　。
週一高球聯誼會春季郊遊賽

2010 年 4 月隨生撰

書房情趣

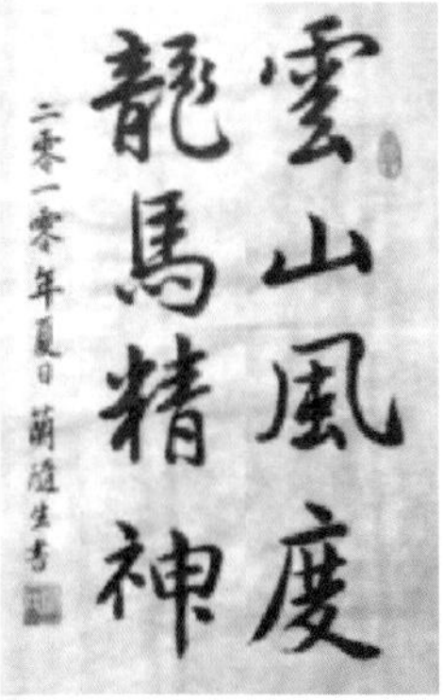

木房陋室明軒窗，
清茶濃墨滿屋香。
書紙翰墨一條幾，
詩詞蘭竹二壁牆。
筆筒罐中三四支，
舞文弄墨五六行。
開卷頌讀七八頁，
養心勵志九十長。

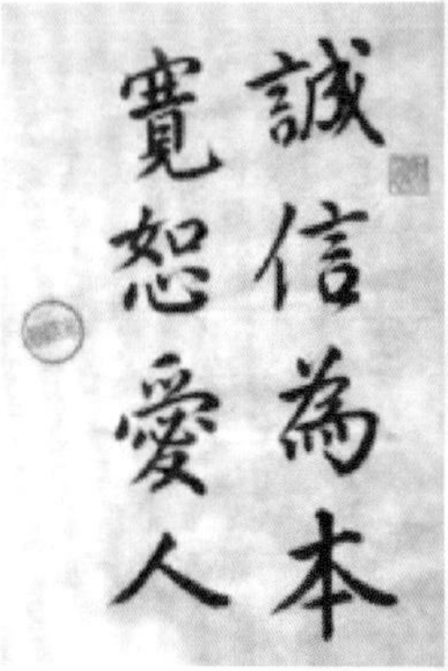

詩牛書房吟詩 2020 年初夏

註：條幾　：是長方形的桌子，一般說是靠牆放置，比書桌稍高。
　　明軒窗：即窗戶明亮之意。

樂觀

生時哭著來，
死時笑著去。
既來莫愁苦，
要走莫眷憂。

小小高球歌

別人打球求低分，
我來打球在強身。
人家坐車我走路，
自個步行助長生。
輸贏本是家常事，
何必把它放在心。
如果你獲一條龍，
下次比賽再調分。
以球會友潤情誼，
大家一同來開心。

2010 年夏日隨生撰詩

註：一條龍就是十八洞全軍覆沒，一洞沒贏。

宿仙境

落風飄葉澗水流，
不見仙女只見猴。
夕陽斜照楓嶺坡，
彎月又上雪山頭。

隨生撰詩 2009 年秋避靜於西柏 (Sea Beck,Wa) 山莊

湖上踏舟

今天絢陽好日頭，
後院蹬舟水上遊。
風平浪靜好時光，
美魚偶現獨片舟。
老伴勸我莫呆看，
免迷回家小碼頭。

隨生 2020.08.27 偕老伴湖上遊快樂笑吟詩一首。

高山姑娘

紅光滿面天際嶺，
喜馬山脈曦縱橫。
宇宙中道萬物生，
天下心象相互應。
純僕相合一線牽，
真善愛美倆相同。

詩牛高山吟 2020.09.12

讀楊慎臨江仙詞有感

明朝才子看人生，
看透人生自輕鬆。
成敗得失皆虛幻，
大道天理照運行。
老來更應順自然，
世間無事我與爭。

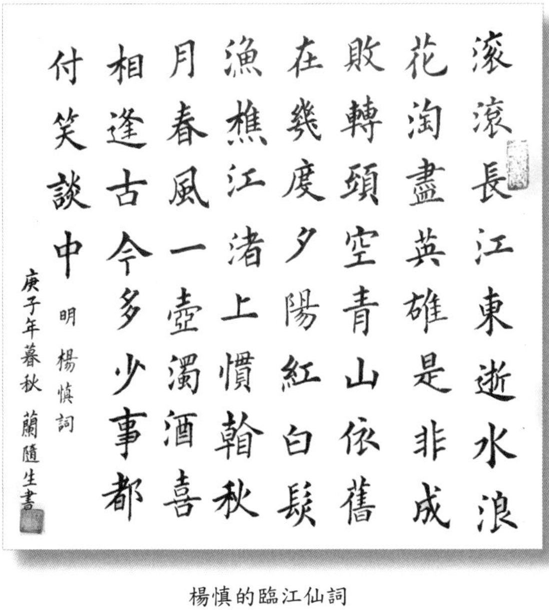
滾滾長江東逝水浪
花淘盡英雄是非成
敗轉頭空青山依舊
在幾度夕陽紅白髮
漁樵江渚上慣看秋
月春風一壺濁酒喜
相逢古今多少事都
付笑談中
明 楊慎詞
庚子年暮秋 蘭隨生書

楊慎的臨江仙詞

今日世界

西風伴落霞，東風起浪濤。
霸道挽狂瀾，王道順時潮。
龍虎兩相鬥，勝敗看今朝。
古今多少事，酒間談歡笑。

詩蘭隨生撰 2020 年秋

詩書人間寶

春花秋月真美好，喜樂知多少？
一晌貪歡依美人，夢中不知身已老。
悔恨愛詩已近晚，方覺詩書不可少。
錢財美色不足貴，詩書才是人間寶。
冬去春來花更美，揮筆吟詩樂陶陶。

詩牛撰 2020 年季秋

對聯

一、書友情趣
以筆會友墨益香，
以茶聚朋趣更濃。

二、健身修心
晨光 大地 夕陽 世間三大寶，
早起 踏青 觀霞 人生永不老。

三、善施
生時未帶金錢來，
去時莫挾財寶走。

四、惜陰
時光荏苒不待人，
日月流替不可擋。

五、人生
酸甜苦辣眾皆有，
喜怒哀樂在個人。
橫批：愛滿恨消

悼念王奇偉先生

王子鐵桿綻笑顏，
奇才棋劇亦高段。
偉士乘鶴瀟灑去，
笑待親朋托杜鵑。
容懇處事寬待人，
永承上天保平安。
常念來世再相識，
存留愛心滿人間。

西雅圖蕃薯藤高爾夫聯誼會及星期一高爾夫聯誼會敬輓

蘭隨生敬撰 2020 年 10 月

小註：王兄在蕃薯藤號稱鐵桿王子，因為鐵桿打得極好。

王兄的圍棋（六段）、京劇、歌唱及橋牌等都是高段，堪為多才多藝，乃奇才也。

托杜鵑：意思是人歸天之後仍然愛護他親朋及子民，

借托杜鵑的歌聲每年春天來傳他對親朋子民的關愛。

小典故"托杜鵑" 晚唐大詩人李商隱曾用過，上網即可查看。

本詩用每句第一字組成一句（由上向下讀）"王奇偉笑容永長存"。

懷念球友郭俊林

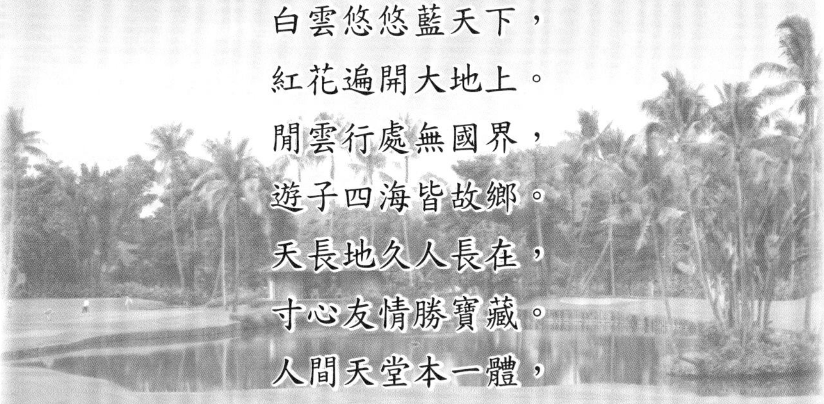

白雲悠悠藍天下，
紅花遍開大地上。
閒雲行處無國界，
遊子四海皆故鄉。
天長地久人長在，
寸心友情勝寶藏。
人間天堂本一體，
來去自如又何妨。
有緣將會再相聚，
笑敘高球在天堂。

蘭隨生賦 2021 年春

註： 老友郭俊林；西雅圖星期一高爾夫球聯誼會前會長，
台灣青少棒前國家代表隊隊員，少壯英逝，突然離我而去，
余深思人生來去匆匆，感懷之至，特賦一詩永為懷念。

台灣漫畫大師蔡志忠

漫畫大師蔡志忠，
儒釋莊老家家通。
蓬萊才子中華寶，
藝學比美李叔同。
滄桑人間紅塵悟，
老來出家嵩山中。
生來悟道境界高，
色財形影眇茫空。

蘭隨生詠詩 2020 年 11 月 20 日

註：儒釋莊老是指儒家、佛家、莊子及老子等家。

上圖是筆者的孫女雅蘭所繪，八歲。